「正しい努力」で結果を出す

図解
戦略就活

STRATEGY AND EFFORT

メソッド

林 晃佑
Kosuke Hayashi

日本実業出版社

「正しい戦略」を知り、「正しい努力」を続けられたら、就活はうまくいく！

「第一志望の企業の内定を獲得したい」
「自分に合う企業を見つけて、ミスマッチのない就職をしたい」
「外資系コンサルティング企業で戦略コンサルタントとしてキャリアをスタートさせたい」
「5大総合商社の中の1社に入って、ゆくゆくは世界的なプロジェクトに携わりたい」
「メガベンチャーに内定し、20代のうちから裁量権を持って働きたい」
「まだ自分が何をしたいのかわからないので、ファーストキャリアはとにかく自己成長できる環境に身を置いて、目の前の仕事を頑張りたい」
　……こんなふうに思っている就活生が多いのではないでしょうか？
　断言します。実は、あなたが就活で成功するためのカギは2つしかありません。それは、**「正しい戦略」**と**「正しい努力」**です。この2つを身につければ、あなたの就活は、きっとうまくいきます。

あなたが就活で成功するためのカギは？

　右下の図をみてください。
「"負"のスパイラルに陥る就活生」と「"正"のスパイラルに乗る就活生」を対比しています。
「"負"のスパイラルに陥る就活生」は、「戦略不在」のまま、「やみくもな努力（自己流の努力）」を続けます。その結果、選考でなかなか良い結果が出ず、就活に対してマイナスの感情を抱くようになってしまい、努力を止めてしまう（最悪の場合、就活自体もストップしてしまう）ことになります。

とはいえ、内定を取らないと卒業後就職できませんので、また努力を重ねます。しかし、多くの場合、自分に合っているかわからない、自分が入りたいわけではない企業の内定しか獲得できないまま、不本意ながらも就活を終えていきます。

　これに対して、「"正"のスパイラルに乗る就活生」は、「正しい戦略」を理解し、「正しい努力（成果に直結する努力）」を積み重ねます。その結果、選考で良い結果が出て、就活に対してプラスの感情を抱くようになり、さらに積極的に努力するようになります。

　こうして、自分に合った、自分が入りたい企業の内定を獲得し、早々と就活を終えていきます。

「正しい戦略」を理解して就活を始めるか、「正しい戦略」を知らないまま就活を始めるかで、結果には天と地ほどの差がついてしまうのです。

　もちろん「正しい戦略」を知っても、努力しなければ宝の持ち腐れになります。

　その意味で、就活の成功のカギは「正しい戦略」と「正しい努力」の2つなのです。

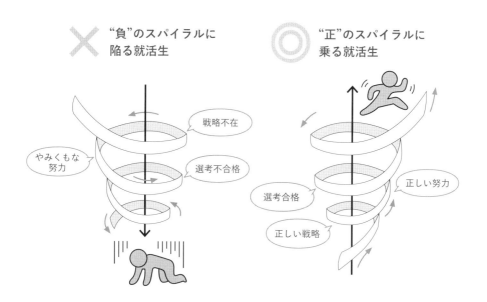

　そしてもう一つ、本書を手に取っていただいた就活生のみなさんに伝えておきたいことがあります。それは、就活では**「アウトプットなきインプットは無意味」**ということです。

　右下の図を見てください。「インプットだけで終わる大多数の就活生」と「アウトプットまでやるごく少数の就活生」を対比しています。「インプットだけで終わる大多数の就活生」は、どれだけ良い方法論を知っても、なかなか自分で手を動かしてアウトプットしようとしません。つまり、「今日は良い話が聞けた」で終わってしまい、今日仕入れた良い話を、自分の就活に応用しようとしないのです。

　就活の方法論はたくさん知っているけどあまり結果が伴っていない、いわゆる「就活ノウハウコレクター」的な就活生が、みなさんの周りにもいるのではないでしょうか？

　これに対して、「アウトプットまでやるごく少数の就活生」は、良い方法を知ったら、すぐに自分で手を動かしてアウトプットしてみます。つまり、「今日は良い話を聞けた」で終わらせたら絶対もったいないと思い、今日仕入れた良い話を、すぐに自分のものにしようと努力するのです。

　はじめは、なかなかプロのようにはうまくいかないかもしれません。自分のアウトプットにどこか違和感があるかもしれません。それでも粘り強くアウトプットし続けるのです。

　私の好きな言葉に「"納品主義"ではなく、"アップデート主義"で」という言葉があります。

　一度で完璧な情報をアウトプットするのが"納品主義"だとすれば、不完全でもまずはアウトプットし、そこから必要な修正を加えていくのが"アップデート主義"です。

本書の読者に期待すること

　私が本書の読者のみなさんに期待するのは、楽しみながら次の①〜⑤の「正しい努力」を積み重ねていくことです（「楽しみながら」の部分がポイントです！）。

① 本書の Chapter 1 〜 4 を読み、「正しい戦略」をインプットする
② 本書の Chapter 5 を参考にしながら、自分に当てはめて考え、アウトプットしてみる
③ 就活で出会う様々な人に自分のアウトプットを見せて、フィードバックをもらう。その過程で得た様々な気づきをアウトプットに加え、アウトプットをアップデートしていく
④ ③を繰り返し、アウトプットの質を高めながら、志望企業の本選考に臨み、内定を獲得する
⑤ 内定獲得後、「この企業と自分は本当にミスマッチがないと言えるか」をとことん考え、自分が一番幸せになれそうな企業に就職する

「『戦略就活』のおかげで私の就職活動がうまくいきました」

　私は、1人でも多くの就活生からこの言葉が聞けることを願っています。ぜひ本書を手に取ってくださったあなたも、「正しい戦略」を知り、楽しみながら「正しい努力」を積み重ねて、就活で自分の望む結果を手に入れてください！

はじめに

── 「正しい戦略」を知り、「正しい努力」を続けられたら、
　　就活はうまくいく！

「戦略就活」インプット編

| Chapter 1 | なぜ就活に「戦略」が必要なのか？ |

Chapter 2

戦略①：探し出す戦略
「近未来分析」「自己分析」「企業分析」
で自分に合う企業を探し出せる

戦略②：突破する戦略

Chapter 3

「ES攻略編」「面接攻略編」「GD・インターン攻略編」で志望企業の選考を突破できる

1. 「3つの対策」で、志望企業の選考を突破する

Chapter
4
戦略③：決めきる戦略
「意思決定表の作成」
で入社すべき1社を決めきれる

「戦略就活」アウトプット編

> **Chapter 5** 自己分析・企業分析・入社企業選定のための「アウトプットフォーマット集」

おわりに

── 本書を読んだ就活生は、特典のパワーポイントファイルをダウン
　　ロードして、すぐに自分のアウトプットにとりかかろう！

カバーデザイン／井上新八　　本文デザイン・DTP／初見弘一

「戦略就活」インプット編

Chapter 1

なぜ就活に「戦略」が必要なのか？

このChapterで学ぶこと

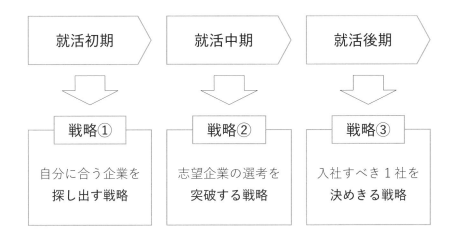

就活初期 ＞

就活中期 ＞

就活後期 ＞

戦略①

自分に合う企業を
探し出す戦略

戦略②

志望企業の選考を
突破する戦略

戦略③

入社すべき1社を
決めきる戦略

「就活は難しい」と感じる理由

　就活を始める多くの大学生（主に大学3年生・大学院修士1年生）が「就活は難しい」と感じるのはなぜでしょうか？

　私は本質的な理由は「就活は自由度が高いから」だと思います。

　本書の読者のみなさんの多くが過去に経験したことのある「受験」と比べてみましょう。自分自身の中学受験、高校受験、大学受験の経験を思い出してください。受験する学校を決めるとき、まずは「偏差値」を基準に合格できそうな学校を選び出し、校風や通いやすさ、進路実績などを加味して絞り込んでいった人が多いのではないでしょうか。**受験には「偏差値」という強力なモノサシが存在し、そのモノサシを使って学校選びをある程度、簡単にできたのです。**

　それに比べると就活は大変です。エントリーする企業を選ぶとき、「業界」「知名度」「規模」「理念」「事業内容」「売上・利益」「成長環境」「評価制度」「報酬」「一緒に働く人」など、多種多様な観点があり、自分はどれを優先するかを決めて絞り込んでいかなければなりません。**就活ではこれらたくさんのモノサシを上手に使いこなしながら、自分に合う企業を見つけ、選考を突破し内定を獲得していくことが求められます。**自由度が高く、苦労するのも当然です。

■ 就活が受験より難しいのは「自由度の高さ」のせいだ

受験	就活
学校選び	企業選び

受験	就活
偏差値	業界　規模　知名度　理念　事業内容
通いやすさ	成長環境　売上・利益
校風　進路実績	報酬　一緒に働く人　評価制度

強力な1つのモノサシ＋α	多種多様なモノサシ

　本質的には「（企業選択の）自由度の高さ」が就活を難しいと感じさせる最大の要因だと思いますが、**就活を時期別に見ると、3つの悩みを持つ就活生が多いことも事実です。**

　まずは就活初期、つまり、自己分析や企業分析を始める時期ですが、この時期には**「自分に合う企業を探し出すのが難しい」**と感じる就活生が多いのが特徴です。

　そして就活中期、つまり、企業の選考を受け始めるようになる時期ですが、この時期には**「志望企業の選考を突破するのが難しい」**と感じる就活生が多くなります。

　最後に就活後期、つまり、複数の企業から内定が出始めて内定承諾をするかどうか検討するようになる時期ですが、この時期になると**「複数の内定先企業から入社すべき1社を決めきるのが難しい」**という悩みを持つ就活生が増えてきます。

　次のページからは時期別の「就活生の3大悩み」について、1つずつ詳細を見ていきましょう。

自分の言葉で説明できるかチェック

- ☐ 左下の図を見ながら、「就活が受験より難しいと感じる理由」について説明できる？
- ☐ 右下の図を見ながら、「時期別『就活生の3大悩み』」について説明できる？

■ 時期別「就活生の3大悩み」はこれだ

就活初期	就活中期	就活後期
自己分析 企業分析	選考	内定 内定承諾
自分に合う企業を 「探し出せない！」	志望企業の選考を 「突破できない！」	入社すべき1社を 「決めきれない！」

Chapter 1

2

就活生の３大悩み①
自分に合う企業を
探し出せない

「就活生の３大悩み」のうち、まずは就活初期の悩みから見ていきましょう。就活初期は、自己分析や企業分析のやり方を学んで、「自分はどんな企業で働きたいのか」「自分が活躍できそうな企業はどこなのか」を明らかにしていく時期です。**この時期の就活生に圧倒的に多いのが「自分に合う企業を探し出すのが難しい」という悩みです。**どうしてこんな悩みが発生するのでしょうか？

　結論から言うと、１つは「エントリーする企業の数を絞り込むためには"軸"が必要なのはわかっているのに、自己分析の結果、うまく自分の"軸"を決められない人が多いから」（自己分析の問題）です。そして、もう１つは「自分の"軸"に照らし合わせて、自分の求めるものを持っている企業を見つけるのが難しいから」（企業分析の問題）です。

　１つずつ見ていきましょう。まずリクナビやマイナビなどのナビサイトを見ると、毎年２万〜３万社の企業が積極的に新卒採用を行う企業として登録され、情報掲載されています。しかし、これらすべての企業にエントリーすることは有意義とは言えませんし、現実的ではありません。

　つまり、エントリー企業数を数十社程度にまで絞っていく必要があります。そしてエントリー企業数を絞り込むためには何らかの"軸"が必要に

■ 自分１人でやる「自己分析」は難しい

自己分析

一部の就活生だけが

市場価値が高い人材になる	❶
優秀な人が多い	❷
会社規模が小さい	❸
給与が高い	❹

"軸"が決まった‼

多くの就活生は

〇〇業界
会社の規模が大きい / 小さい
知名度が高い
成長環境がある
理念に共感できる
給与が高い
市場価値が高い人材になる
優秀な人が多い

"軸"が決まらない…

なってきます。では "軸" はどのように決めていくのかというと、多くの場合、自己分析の結果に基づき、「業界」「知名度」「規模」「理念」「事業内容」「売上・利益」「成長環境」「評価制度」「報酬」「一緒に働く人」など、多種多様なモノサシのうち、自分はどのモノサシを重視するのかを基準に、決めていくことになります。しかし**実際、自分のやり方で自己分析をやってみたものの、自分の就活の軸を見つけられないという就活生がとても多いのです**（自己分析の問題）。

　そして、なんとか就活の軸が見つかったという人でも、企業分析の結果、自分の求めるものを提供してくれる企業を見つけ出すのは簡単ではありません。**実際、自分のやり方で企業分析をしてみても、その企業が本当に自分にあっているのかわからないという就活生が多いのです**（企業分析の問題）。

「自己分析の問題」と「企業分析の問題」。この 2 つの問題を解決しない限り、就活初期の「自分に合う企業を探し出せない」という悩みはなくならないと言えるでしょう。

> 自分の言葉で説明できるかチェック
>
>
> □ 左下の図を見ながら、「自分 1 人でやる『自己分析』の難しさ」について説明できる？
> □ 右下の図を見ながら、「自分 1 人でやる『企業分析』の難しさ」について説明できる？

■ 自分 1 人でやる「企業分析」は難しい

企業分析

一部の就活生でさえ

市場価値が高い人材になる	1
優秀な人が多い	2
会社規模が小さい	3
給与が高い	4

自分の求めるものを提供してくれるのはどこ？？

自分の "軸" に合う企業がわからない…

就活生の3大悩み②

志望企業の選考を突破できない

　続いて、就活中期の悩みについて見ていきましょう。就活中期というと、「インターン参加」や「本選考での内定獲得」に向けて志望企業にエントリーをし、WebテストやES（エントリーシート）、GD（グループディスカッション）、面接などを勝ち抜いていかねばならない時期です。**この時期に圧倒的に多いのが、「志望企業の選考を突破するのが難しい」という悩み**です。なぜ、この悩みを持つ就活生が多いのでしょうか？

　結論から言うと、1つは「1つの企業に内定するためにはWebテスト→ES→GD・集団面接→面接→最終面接という選考プロセスを連続で合格し続けなければならないから」（連続突破の難しさ）です。そして、もう1つは「自分が苦手な選考プロセスの対策方法がわからないから」（苦手克服の難しさ）です。

　1つずつ見ていきましょう。一般的に企業の採用プロセスには、Webテストによる選考、ESによる選考、GD・集団面接による選考、面接による選考があり、就活生は内定を得るためにすべての選考プロセスで「合格」し続けなければなりません。

　例えば仮の話ですが、1万人がWebテストを受けるある企業では、ESまで行けるのが5000人（通過率50％）となり、GD・集団面接まで行け

■ 選考の「連続突破」は難しい

るのが1000人（通過率20％）となり、面接まで行けるのが500人（通過率50％）となり、何度か面接を繰り返して最終的に内定が出るのは100人（通過率20％）となります。この場合、**エントリーした学生のうちわずか１％しか内定獲得できない計算になります**（連続突破の難しさ）。

　また、私が実際に数多くの就活生と接してきてわかったことですが、それぞれ、各選考プロセスに対する得意・苦手の意識が異なります。つまり「ESが通らない」人もいれば、「GDが鬼門になる」人、「最終面接でいつも落とされる」人もいます。**多くの就活生が自分の苦手な選考プロセスについては正しく認識できていても、実際どんな努力をしてどうやって対策すれば、苦手を克服し選考を突破できる力が身につくのかがわからないのです**（苦手克服の難しさ）。

　１つ１つ自分の苦手を克服しながら、すべての選考プロセスを連続突破できる実力を養っていかない限り、志望企業の内定を獲得するのは難しいのです。

自分の言葉で説明できるかチェック

☐ 左下の図を見ながら、「選考の『連続突破』の難しさ」について説明できる？
☐ 右下の図を見ながら、「選考の『苦手克服』の難しさ」について説明できる？

■ 選考の「苦手克服」は難しい

Webテスト	Webテストに合格できない…
ES	エントリーシートが通らない…
GD 集団面接	グループディスカッションが苦手…
面接 （最終面接）	最終面接でいつも落とされる…

就活生の３大悩み③
入社すべき1社を 決めきれない

　次に、就活後期の悩みについて見ていきましょう。就活後期は、多くの就活生が複数企業から内定を獲得し、どの企業の内定を承諾してどの企業に入社するかを決めていく時期です。**この時期に圧倒的に多いのが、「複数の内定先企業から入社すべき1社を決めきるのが難しい」という悩み**です。なぜこの悩みを持つ就活生が多いのでしょうか？

　結論から言うと、1つは「他のすべての選択肢を排除し、1社に決めきるのが難しいから」です（「決めきる」難しさ）。そして、もう1つは「複数の内定先企業を同じ基準で冷静に比較検討するのが難しいから」です（冷静な比較検討の難しさ）。

　1つずつ見ていきましょう。まずは「決めきる」難しさについてです。**ここでは「決めきる」という言葉を「最終的に1社に決めて、他社には金輪際、心移りしないと覚悟を決める」という意味で使っています。「迷いを断ち切る」と言い換えてもいいかもしれません。**

　仮にあなたが自分の就活の軸に合う3社から内定をいただいたとしましょう。どこも自分の軸に合っているので、この中から1社に決め、他の可能性を断ち切るのはとても勇気のいることです。A社に行ったらこんな未来が……、B社に行ったらこんな未来が……、C社に行ったらこんな未

■ 入社先を1社に「決めきる」のは難しい

外資系
メーカー

IT
ベンチャー

不動産
日系大手

金融
日系大手

大手 or ベンチャー？

日系 or 外資？　　成長環境 or 安定？

最終的に、どこに入社しよう？

来が⋯⋯、とそれぞれの素晴らしい未来を想像しているわけですから、余計大変です。今までも習いごとの選択や学校の選択、部活・サークルの選択などの意思決定を経験してきていますが、「就職」となると、どの就活生も、より一層、慎重になるようです。

次に意思決定のプロセスについてですが、内定をもらった3社はどこも自分の軸に合っているので、最後はより詳細な情報を集めて本当に自分に合っている企業を見極めていかなければなりません。

本来ならば、しっかり評価軸を定めて、それぞれの評価軸に照らし合わせると3社はどうなのかを比較検討し、「自分に最もふさわしいのはここだ」と結論を出すのが望ましいと言えます。しかし、**多くの就活生が結局、接触頻度の一番高い企業に決めたり、一番影響を受けた人がいる企業に決めたりしているのが実情です。とても重要な意思決定にもかかわらず、冷静な比較検討に基づく判断ができていないケースが多いのです。**

自分の言葉で説明できるかチェック

- □ 左下の図を見ながら、「入社先を1社に『決めきる』難しさ」について説明できる？
- □ 右下の図を見ながら、「内定先を『冷静に比較する』難しさ」について説明できる？

■ 内定先を「冷静に比較する」のは難しい

外資系
メーカー

IT
ベンチャー

不動産
日系大手

金融
日系大手

大きな影響を受けた
社会人〇〇さんが
いる企業

接触頻度が
多い企業

どこも良い会社だから
最後は直感で決めよう！！

「正しい戦略」があれば「正しい努力」ができる

　ここまで時期別の「就活生の3大悩み」について見てきましたが、就活に関してたくさんの情報（書籍や就活サイトの記事、ツイッターやYouTubeなどSNSの投稿、先輩内定者や就活エージェントからのアドバイス）があるにもかかわらず、これらの悩みは依然、解消されていません。毎年何万人、何十万人という数の就活生が同じ悩みで苦しんでいるのです。**私が本書を書こうと思い立ったのは、今まで誰も教えてくれなかった「正しい戦略」を多くの就活生に伝えて、「就活生の3大悩み」を抜本的に解決したいと考えたからです。**

　話は変わりますが、私は今までのビジネス人生で数多くの「仕事のできるビジネスパーソン」と接してきました。その中で1つ、できるビジネスパーソンに共通する仕事の仕方を発見しました。それは「**まずこれから取り組む仕事の全体像をつかみ、全体を見切った上で、優先順位をつけて取り掛かるというスタンス**」です。アインシュタインはこんな名言を残しています。「ゲームのルールを知ることが大事だ。そしてルールを学んだ後は、誰よりも上手にプレイするだけだ」。仕事ができるビジネスパーソンは、まさにこの名言を仕事に応用しているのです。

　私は、多くの就活生がこのアインシュタインの名言を自身の就活に応用

■「仕事ができる人」に共通するやり方はこれだ

仕事ができる人	仕事ができない人
まず全体像を把握する	いきなり取り掛かる

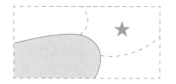

全体像がつかめたから
ここ（★）から着手しよう

とりあえずここから
始めてみよう

できるようになってほしいと考えています。つまり、「就活というゲームのルールを正しく理解し、正しい戦略に基づいて正しい努力を積み重ね、本当に自分に合う企業への入社を決めてほしい」と考えています。

　ゲームのルールがわからず、戦略を持たないまま就活を進めると、やみくもに努力を重ねざるを得ない状況に陥り、「なかなか結果が出ない」と自暴自棄になって就活自体が嫌になってしまうことがあります。こういう就活生を過去に何千人と見てきて、彼ら・彼女らの相談に乗ってきた私だから書けることを、本書では余すところなく紹介していきます。

　「ぜひ本書の内容をマスターして、就活に対してポジティブな意識を保ちながら、正しい努力を積み重ねてほしい」と思います。「好きこそものの上手なれ」の言葉の通り、私の経験上、就活においても明るく前向きに努力を重ねられた人は、遅かれ早かれ良い結果に結びついていると感じています。

自分の言葉で説明できるかチェック

☐ 左下の図を見ながら、「『仕事ができる人』に共通するやり方」について説明できる？

☐ 右下の図を見ながら、「本書を読んで正しい戦略を知るメリット」について説明できる？

■ 正しい戦略を知り、正しい努力を積み重ねよう！

普通の就活生

「戦略就活」を読んだ就活生

戦略不在

⇩

やみくもな努力

⇩

不本意な結果

正しい戦略

⇩

正しい努力

⇩

思い描いた成功

「戦略就活」が提唱する3つの戦略

　本書の最大の特徴とも言える「就活生の3大悩み」を解決する3つの戦略とは、一体どんなものなのでしょうか?

　1つ目は「探し出す戦略」、2つ目は「突破する戦略」、3つ目は「決めきる戦略」です。

　1つ目の**「探し出す戦略」**では、「3つの分析」を行い、誰もが自分に合う企業を探し出せる方法を明らかにしていきます。3つの分析とは「近未来分析」「自己分析」「企業分析」です。

　2つ目の**「突破する戦略」**では、「3つの対策」を行い、誰もが自分の志望企業の選考に突破できる方法を明らかにしていきます。3つの対策とは「ルールを知る」「準備をする」「作法を守る」です。

　そして、3つ目の**「決めきる戦略」**では、「意思決定表」の作成を行い、誰もが自分の内定先企業の中から入社すべき1社を決めきる方法を明らかにしていきます。意思決定表とは「同じ評価項目で複数の内定先を冷静に比較検討できる表」のことです。

　どれも私が過去に1万人以上の就活生と1人1人真剣に向き合う中で、彼ら・彼女らの悩みに対して「こうすれば、うまくいく」とコンサルティングしてきたオリジナルの内容です。「探し出す戦略」「突破する戦略」「決

■ これが「戦略就活」が提唱する「3つの戦略」だ

就活初期	就活中期	就活後期
自己分析 企業分析	選考	内定 内定承諾
⬇	⬇	⬇
戦略1	戦略2	戦略3
自分に合う企業を **探し出す戦略**	志望企業の選考を **突破する戦略**	入社すべき1社を **決めきる戦略**

めきる戦略」の3つの戦略に共通して言えることですが、「**正しい戦略を理解して、正しい方法で愚直に努力すれば、誰がやっても確実に良い結果を出せる**」内容に仕上げています。本書を手に取っていただいた就活生のみなさんには「やり方を学び、まずはやってみよう」という気持ちで、ぜひ最後まで読み進めていただければと思います。

　昔、受験生だった時、みなさんの周りにも「1冊の参考書・問題集をボロボロになるまでやり込むタイプの人」と「取り組む参考書や問題集を途中でコロコロ変えるタイプの人」がいたのではないでしょうか。どちらが確実に受験合格に近づいていったでしょうか？　私は前者の「1冊をやり込むタイプの人」だと思います。就活も同じです。ぜひ、**ボロボロになるまで**本書を使い倒してください。

　　自分の言葉で説明できるかチェック

- □ 左下の図を見ながら、「本書が提唱する『3つの戦略』」について説明できる？
- □ 右下の図を見ながら、「受験と同様に、就活でも『参考書は1冊をやり切るほうが成果が出やすい』理由」について説明できる？

■ 参考書をコロコロ変える受験生は合格しない!?

　受験がうまくいきやすい人　　　　受験がうまくいきにくい人

ひとつの参考書を　　　　　　いろんな参考書に手を出して
ボロボロになるまでやり切る　　　どれも最後まで終わらない

参考書A

参考書B　　参考書C

参考書A　　　　　　参考書D

戦略①「探し出す戦略」とは何か？

　第1の戦略「探し出す戦略」では、「3つの分析」（「近未来分析」「自己分析」「企業分析」）を駆使して、誰もが自分に合う企業を探し出せる方法を明らかにしていきます。

　「探し出す戦略」の具体的な方法論について見ていきましょう。まず、この戦略の全体像ですが、**「3つの分析」を駆使した9つのステップで、自分に合う企業を探し出す**というものです。

　右下の図を見てください。最初の2ステップは「近未来分析」を行います。そして、次の3ステップで「自己分析」を、続く3ステップで「企業分析」を行い、最後の1ステップで「自分と企業との接点を創出する」という仕上げの作業を行い、完了します。

　以下、9ステップをパート別、ステップ別にもう少し詳しく見ていきましょう。

■「近未来分析」パート

　「近未来分析」という言葉を初めて聞くという人も多いかもしれません。この言葉は私の造語ですが、**社会の変化のスピードが年々早くなってきている昨今、数年先の社会がどう変化するかを予測して動くことは就職活動においても非常に重要です**。このパートでは、図のステップ❶❷で個人と企業の未来の姿について考えていきます。

■「自己分析」パート

　「自己分析」には終わりがないので、実際どこまでやっていいかわからないという声をよく聞きます。このパートでは、図のステップ❸❹❺で就活に必要な自己分析（必要最低限の自己分析）を完結させていきます。

■「企業分析」パート

　「企業分析」のやり方がわからない就活生はこのパートは必見です。このパートでは、図のステップ❻❼❽で就活に必要な企業分析（必要最低限の企業分析）を完成させていきます。

■「接点の創出」パート

　「自己分析」と「企業分析」の結果、なぜ自分はこの企業に興味を持って

いるのかを、ステップ❾「接点の創出」パートで明確にしていきます。このパートでは、「自分と企業とが相思相愛の関係である」ことを正しく理解し、それを企業に伝えられるようにすることが重要です。

　第1の戦略「探し出す戦略」についてはChapter 2で詳しく解説していきます。時間をかけて丁寧にやれば誰でも結果が出る仕掛けになっていますので、まずはChapter 2をしっかり理解して、その後、必ず自分自身で手を動かしアウトプットするようにしてください。アウトプットが何より重要です。

自分の言葉で説明できるかチェック

　□　右下の図を見ながら、「『探し出す戦略』の全体像（『3つの分析』）」について説明できる？

■「3つの分析」で自分に合う企業を探し出せる！

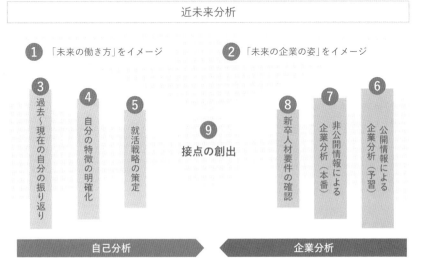

戦略②「突破する戦略」とは何か?

　第2の戦略「突破する戦略」では、「3つの対策」（「ルールを知る」「準備をする」「作法を守る」）を行い、誰もが自分の志望企業の選考を突破できる方法を明らかにしていきます。

　「突破する戦略」の具体的な方法論について見ていきましょう。まず、この戦略の全体像ですが、「ES」「面接」「GD・インターン」という3大選考別に、それぞれで必要とされる「3つの対策」を明らかにし、これを完璧に実行して、志望企業の選考を突破する力を養成するというものです。

　以下、「ES」「面接」「GD・インターン」という3大選考の大まかな特徴と、残念ながら不合格になりやすい人の特徴を挙げていきます。

■「ES（エントリーシート）」攻略編

　「ES」では、企業からES用に提示された設問に文章で答えながら自己PRをし、他の就活生と差別化し、企業に採用したい人材だと認識させなければなりません。「ES」で不合格になる人の多くは、そもそもES選考の仕組みを理解していないか、ESを書く準備ができていないか、文章による言語化能力が低いかに大別されます。ESで常に合格する実力を養成するためには、この3点について重点的に対策をした上で、アウトプット経験を積み重ねていく必要があります。

■「面接」攻略編

　「面接」では、企業の面接官から提示される質問に口頭で答えながら自己PRをし、他の就活生と差別化し、企業に採用したい人材だと認識させなければなりません。面接で不合格になる人の多くは、そもそも面接選考の仕組みを理解していないか、面接を受ける準備ができていないか、口頭でコミュニケーションする能力が低いかに大別されます。面接で常に合格する実力を養成するためには、この3点について重点的に対策をした上で、アウトプット経験を積み重ねていく必要があります。

■「GD（グループディスカッション）・インターン」攻略編

　「GD・インターン」では、企業からGD・インターン用に提示されたお題に対して、数名のチームメンバーと議論する中で自分の能力の高さを企

業にアピールし、企業に採用したい人材だと認識させなければなりません。「GD・インターン」が最も厄介なのは、その場で総合力が求められるだけでなく、どんな人とチームを組んでも結果を出さなければならないからです。「GD・インターン」で不合格になる人の多くは、そもそもGD・インターン選考の仕組みを理解していないか、GD・インターンを受ける準備ができていないか、総合的なコミュニケーション能力が低いかに大別されます。GD・インターンで常に合格する実力を養成するためには、この3点について重点的に対策をした上で、アウトプット経験を積み重ねていく必要があります。

　第2の戦略「突破する戦略」についてはChapter 3で詳しく解説していきます。時間をかけて丁寧にやれば誰でも結果が出る仕掛けになっていますので、まずはChapter 3をしっかり理解して、その後、必ず自分自身で行動して必要なアウトプットをしてみてください。何度も言いますが、アウトプットが何より重要です。

自分の言葉で説明できるかチェック

　□　右下の図を見ながら、「『突破する戦略』の全体像（『3つの対策』）」について説明できる？

■「3つの対策」で志望企業の選考を突破できる！

ES攻略編	面接攻略編	GD・インターン攻略編

【対策1】
ルールを知る

【対策2】
準備をする

【対策3】
作法を守る

戦略③「決めきる戦略」とは何か？

　第3の戦略「決めきる戦略」では、「意思決定表の作成」を行い、誰もが自分の内定先企業の中から入社すべき1社を決めきる方法を明らかにしていきます。

　「決めきる戦略」の具体的な方法論について見ていきましょう。まずこの戦略の全体像ですが、「意思決定表の作成」に必要な情報を、内定者の立場から内定先企業の担当者（人事担当者や現役社員）に詳細にヒアリングし、ヒアリング結果に基づいて意思決定表を作って同じ評価項目について丁寧に比較検討して、入社先を決めるというものです。

　「選考を受ける前や選考中に企業から得られる情報」と「内定者になった後に企業から得られる情報」を比較すると、情報の量の面でも質の面でも大きな差があります。内定者になると、より多くの質の高い情報を得られるようになるのです。

　以下、「意思決定表の作成」のために行うヒアリング項目をもう少し詳しく見ていきましょう。

■入社時条件の確認

　もし自分がその企業に入社したとして、1年目はどんな条件で働くことになるのかを確認します。初任給など給与面はもちろんのこと、1年目の職種・仕事内容や勤務地、研修の内容、同期社員の人数や顔ぶれなど、自分がその企業で働くイメージがつくように、必要な項目をヒアリングしていきましょう。もちろん、正式な配属など、入社時点では決まっていないこともあるでしょうから、どのようなプロセスでいつ頃に決まることになるのか、どんな可能性があるのかを、しっかりヒアリングしておきましょう。

■ロールモデル社員の確認

　内定者になったら、人事の担当者に相談して、できるだけ多くの現役先輩社員に会わせてもらうようにしましょう。多くの現役先輩社員と会い、話を聞かせてもらうことで、選考時よりもリアルに企業のことを知ることができますし、何より「自分がこの企業に入社したらこんな先輩のように

なれるのか」というロールモデルを確認できます。「意思決定表」（217ペー
ジ）の項目の１つに「３年後ビジョンの設定」がありますが、これは「自
分がこの企業に入って３年後、どうなっていたいかの仮説を立てる」とい
うものです。このプロセスを円滑に進めるためにも多くの現役先輩社員に
会い、３年間でどんなプロジェクトを経験し、どんな成長をしたのかの事
例を集めておくことが大切です。どんなに素晴らしい自分の３年後ビジョ
ンを打ち立てても、「絵に描いた餅」になっては本末転倒です。自分のビ
ジョンがその企業でどの程度実現できそうか、先輩社員へのヒアリングを
通じて明らかにしていくのです。

　第３の戦略「決めきる戦略」についてはChapter 4 で詳しく解説してい
きます。時間をかけて丁寧にやれば誰でも結果が出る仕掛けになっていま
すので、まずはChapter 4 をしっかり理解して、その後、必ず自分自身で
行動して必要なアウトプットをしてみてください。何度も言いますが、ア
ウトプットが何より重要です。

自分の言葉で説明できるかチェック

□ 右下の図を見ながら、「『決めきる戦略』の全体像（意思決定
表の作成）」について説明できる？

■「意思決定表の作成」で入社すべき１社を決めきれる！

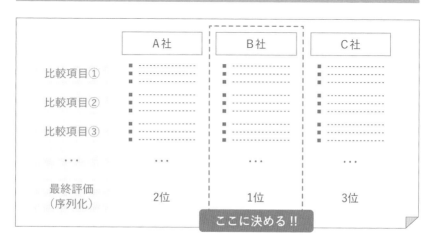

「戦略就活」の上手な使い方

　ここまで「探し出す戦略」「突破する戦略」「決めきる戦略」の3つの戦略について概要を説明してきました。そして、どの戦略でも共通して言えるのは、時間をかけて丁寧にやれば誰でも結果が出る仕掛けになっていることだと強調してきました。

　本書を手に取ってくださった就活生の方に1つだけお願いがあります。それは、**とにかくアウトプットを重視してほしい**ということです。**しかも、一度アウトプットして終わりではなく、継続的にアウトプットをアップデートし続けてほしい**のです。

　私はこれまで1万人以上の就活生にコンサルティングや様々なアドバイスをしてきて、強く感じていることがあります。それは、就活についてセミナーなどで良さそうな方法を教わった後、方法論を知っただけでできるつもりになって、自分で頭と手を動かして最後までやりきる（アウトプットする）就活生がとても少ないということです。

　裏を返せば、これはチャンスとも言えます。ほとんどの就活生が最後までやりきれないのであれば、自分が信じた1つの方法論を最後までやりきるだけで、その他大勢の就活生と差をつけることができるのです。

　また、方法論を知って一度その通りにアウトプットをしたものの、その

■「アウトプット編」を時間をかけてやり切ろう

「戦略就活」インプット編	「戦略就活」アウトプット編
「戦略就活」概要　　　3つの戦略	アウトプットフォーマット

【Chapter 1】
なぜ就活に
「戦略」が
必要なのか？

【Chapter 2】
探し出す戦略

【Chapter 3】
突破する戦略

【Chapter 4】
決めきる戦略

【Chapter 5】
自己分析・企業分析・入社企業選定
アウトプットフォーマット集

アウトプットを重視!!

後アップデートしない人がいるとしたら、これほどもったいないことはありません。最初のアウトプットは、その時点のあなたを表現したものにすぎません。就職活動はセミナーや説明会・インターンに参加したり、本を読んだり、人と会ったりする度に刺激を受け、価値観が少しずつ変化していくものです。**大事なので何度も言いますが、アウトプットをアップデートし続けることでその変化の足跡を残し続けてほしいと私は思います。**

　本書は便宜上、Chapter 1 〜 4 が「戦略就活」インプット編、Chapter 5 が「戦略就活」アウトプット編という形で大きく2部構成になっています。

　私は、読者のみなさん全員が「アウトプットすることに意味がある」「アップデートし続けることに意味がある」を合言葉にし、本書を上手に使って就活を有利に進め、それぞれの望む結果を出してほしいと思います。

　┌─ 自分の言葉で説明できるかチェック ────────
　□ 左下の図を見ながら、「本書の上手な使い方」について説明できる？
　□ 右下の図を見ながら、「アウトプットをアップデートし続ける重要性」について説明できる？

■ アウトプットは「アップデート主義」でやろう

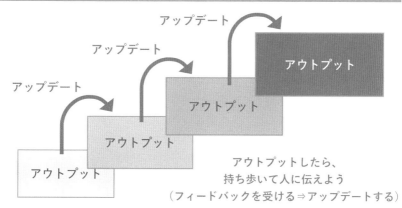

アウトプットしたら、
持ち歩いて人に伝えよう
（フィードバックを受ける⇒アップデートする）

1-1

● 就活は受験より「自由度が高い」ので、難しいと感じる就活生が多い。また、多くの就活生は就活の初期、中期、後期に「就活生の３大悩み」を抱えてしまう。それは「自分に合う企業を探し出すのが難しい」という悩み、「志望企業の選考を突破するのが難しい」という悩み、「入社すべき１社を決めきるのが難しい」という悩みである。

1-2

● 自己分析には「自分の就活の軸を見つける」難しさ（自己分析の問題）があり、企業分析には「自分の就活の軸に合った企業を見つける」難しさ（企業分析の問題）がある。この問題を両方とも解決しない限り、自分に合う企業を探し出すのは難しい。

1-3

● Webテスト、ES、GD、面接などの選考に連続で合格し続けなければいけない（連続突破の難しさ）ため、また、苦手な選考についての苦手克服の方法がわからない（苦手克服の難しさ）ため、志望企業の選考を突破するのは難しい。

1-4

● １社に「決めきる」ということはその他の選択肢を全部切り捨てるということであり、切り捨てる勇気が必要となる（決めきる難しさ）。また、１社に決めきる前に同一項目での比較をするほうがいいが、多くの就活生は冷静な比較ができない（冷静な比較検討の難しさ）。これらの難しさがあり、複数の内定先から入社すべき１社を決めきるのは難しい。

1-5

● 仕事ができるビジネスパーソンには「全体像を把握した後に、取り掛か

る」という共通の特徴がある。「戦略就活」は、読者の就活生が「就活というゲームのルールを正しく理解し、正しい戦略に基づいて正しい努力を積み重ね、本当に自分に合う企業への入社を決めてほしい」との考えから作られた。

`1-6`

● 戦略①「探し出す戦略」、戦略②「突破する戦略」、戦略③「決めきる戦略」を着実に実行することで、時期別の「就活生の３大悩み」を解決することができるようになっている。

`1-7`

● 戦略①「探し出す戦略」（Chapter 2 で詳述）では、「近未来分析」「自己分析」「企業分析」の「３つの分析」を行い、自分に合う企業を探し出す方法論を示している。

`1-8`

● 戦略②「突破する戦略」（Chapter 3 で詳述）では、ES、面接、GD・インターンの３大選考別に「ルールを知る」「準備をする」「作法を守る」の「３つの対策」を行い、志望企業の選考を突破する方法論を示している。

`1-9`

● 戦略③「決めきる戦略」（Chapter 4 で詳述）では、内定者として内定先の人事担当者や現役先輩社員に必要な項目をヒアリングし、その結果に基づいて「意思決定表の作成」を行い、複数の内定先企業の中から入社すべき１社を決めきる方法論を示している。

`1-10`

● ほとんどの就活生は良い方法論を知ってもアウトプットをしない。本書の読者のみなさんには「アウトプット重視」「アップデート重視」の姿勢で本書を徹底的に活用し、その他大勢の就活生よりも就活を有利に進め、それぞれが望む結果を出してほしい。

Chapter 2

戦略①：探し出す戦略

「近未来分析」
「自己分析」
「企業分析」
で自分に合う企業を
探し出せる

この Chapter で学ぶこと

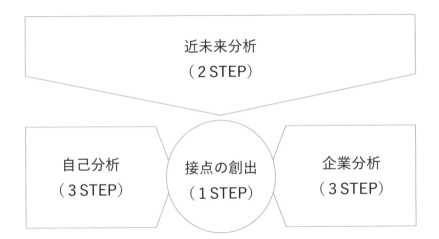

「3つの分析」で 自分に合う企業を探し出す

　Chapter 2 では、「近未来分析」「自己分析」「企業分析」という 3 つの分析を駆使し、自分に合う企業を探し出す方法論を 1 つずつ丁寧に解説していきます。

　「自己分析」と「企業分析」は聞いたことがあるけれども、「近未来分析」は初めて聞いたという就活生が多いのではないでしょうか？　「近未来分析」は私の造語なので無理もありません。平成から令和に移り、社会の変化のスピードがますます速くなってきている今、私は、**近未来分析はすべての就活生にとって必要不可欠な分析事項だと確信しています**。これには 2 つの理由があります。1 つは、自分が社会の変化のスピードについていけなくなることを防ぐため（自分の「オワコン化」を防ぐため）です。もう 1 つは、社会の変化のスピードについていけなくなる企業を見抜くため（将来の「オワコン企業」を見抜くため）です。

　Chapter 2 では、「近未来分析」2 ステップ、「自己分析」3 ステップ、「企業分析」3 ステップ、「接点の創出」1 ステップの**合計 9 つのステップで、誰でも自分に合う企業が探し出せる方法論を解説していきます**。

　「近未来分析」の 2 ステップでは、自分自身の未来の働き方をイメージするとともに、未来の企業の姿もイメージしてみてください。

■「自己分析」「企業分析」に加えて「近未来分析」が不可欠だ

今まで	これから	
企業分析	企業分析	将来の「オワコン企業」を見抜く
↑↓	↑↓	近未来分析
自己分析	自己分析	自分の「オワコン化」を防ぐ

「自己分析」の３ステップでは、まずは過去から現在の自分を振り返り、次に強み、弱み、人間性・性格といった自分の特徴を明確化し、最後に自分の就活戦略を明確化していってください。

「企業分析」の３ステップでは、まずは公開情報をもとに企業を調べ（予習）、次に非公開情報を用いて分析し（本番）、最後に企業が新卒人材に求めるものを明確化していってください。

そして最後の「接点の創出」の１ステップでは、「近未来分析」の結果を念頭に置きながら、「自己分析」の結果と「企業分析」の結果をドッキングし、自分の求めるものがその企業にあるか、つまり、その企業は自分に合う企業なのかを明確化していってください。

「近未来分析」「自己分析」「企業分析」の３つの分析を本書の方法論でしっかりやれば、どれだけ簡単に自分に合う企業が探し出せるかを実感していただけると思います。

自分の言葉で説明できるかチェック

☐ 左下の図を見ながら、「『自己分析』『企業分析』に加えて行う『近未来分析』の重要性」について説明できる？

☐ 右下の図を見ながら、「『３つの分析』の概要」について説明できる？

■「３つの分析」で自分に合う企業を探し出せる

近未来分析

❶「未来の働き方」をイメージ　　❷「未来の企業の姿」をイメージ

❸ 過去〜現在の自分の振り返り

❹ 自分の特徴の明確化

❺ 就活戦略の策定

❾ 接点の創出

❽ 新卒人材要件の確認

❼ 非公開情報を用いた企業分析（本番）

❻ 公開情報をもとにした企業分析（予習）

自己分析　　企業分析

STEP ❶：近未来分析「未来の働き方」
「企業」と「個人」の
パワーバランスの変化

　ここから「近未来分析」の説明を始めます。まずは自分の働き方の近未来分析をしていきましょう。みなさんは、**就活生の意識が「就社」から「就職」へと変化してきている**という話を聞いたことがないでしょうか？

　みなさんの親の世代は終身雇用が前提だったので、ある意味で一生を左右するファーストキャリア選択においては、とにかく「ブランド力のある有名大企業に就職したい」という意識が非常に強かった世代です。つまり、就活＝就社（一生勤める企業探し）の世代と言えます。

　ところが、みなさんの世代は違います。最近では転職もかなり一般的になってきており、ファーストキャリア選択においては、とにかく「成長環境がある成長企業に就職したい」という意識が非常に強い人がたくさんいます。つまり、就活＝就職（自分の市場価値を上げる職業探し）の世代と言えます。**親の世代と自分の世代とでは就活に対する意識が全く変わってきていることを理解しましょう。**

　次に、「企業」と「個人」のパワーバランスが変化し、相対的に「個人」の力が強い時代に突入していることを押さえておきましょう。

　みなさんの親の世代は、終身雇用が前提で、個人は企業に所属し、定年まで勤め上げるのが一般的でした。この世代の経済の主役は「有名大企業

■ 就活生の意識は「就社」から「就職」へと変化してきている

	昔	今
キャリア形成の前提	終身雇用があたりまえ	転職が一般的（むしろマジョリティ）
ファーストキャリアの位置づけ	ファーストキャリアですべてが決まる	ファーストキャリアは成長のスタート地点
	ブランド力のある大企業に「就社」したい	成長環境がある成長企業に「就職」したい

で働くサラリーマン」でした。しかし、みなさんの世代は、転職が文化として定着し、市場価値を高めて転職を繰り返しながらキャリアを築いていく人が増えています。この世代の経済の主役は「市場価値の高いサラリーマン」と言えるでしょう。

　そして、**今後、相対的に「個人」の力はますます強まっていくと言われています**。後で紹介する厚生労働省報告書「働き方の未来2035」などでは、正社員ではなくフリーエージェントとして働く人が増え、副業や複業（パラレルワーク）が一般的になる可能性が指摘されています。こうなると、近未来の経済の主役は「市場価値の高いフリーエージェント」になるかもしれません。

　このように**近未来では相対的にさらに「個人」の力が強まることを踏まえ、就活生のみなさんは個として自立できるように準備していく必要がある**ことを十分理解しておいてください。

> 自分の言葉で説明できるかチェック
>
> □ 左下の図を見ながら、「『就社』→『就職』への就活生の意識の変化（昔・今）」について説明できる？
> □ 右下の図を見ながら、「『企業』と『個人』のパワーバランスの変化（昔・今・これから）」について説明できる？

■「企業」と「個人」のパワーバランスが変化してきている

	昔	今	これから
パワーバランス	企業＞個人	企業≦個人	企業＜個人
企業と個人の関係	終身雇用（雇用契約）	転職（雇用契約）	副業・複業（委託契約）
経済の主役	大企業のサラリーマン	市場価値の高いサラリーマン	市場価値の高いフリーエージェント

STEP ❶：近未来分析「未来の働き方」
「連続スペシャリスト」の時代

　将来的に個として自立するためには、社会に出てから一体どんなビジネスパーソンを目指すべきなのでしょうか？　この問いに対して、ロンドン・ビジネススクール教授で組織論・人材論の世界的権威であるリンダ・グラットン氏は、これからは「**連続スペシャリスト**」を目指すべきと説いています。

　彼女の著書『ワーク・シフト』の中で「連続スペシャリスト」は、次のように定義されています。「**未来の世界でニーズが高まりそうなジャンルと職種を選び、浅い知識や技能ではなく、高度な専門知識と技能を身につける。その後も必要に応じて、他の分野の専門知識と技能の習得を続ける**」。

　では、「連続スペシャリスト」を目指すためにはどんな手順を踏めばいいのでしょうか？　右下の図にあるような４つのステップを踏めばいいというのが、彼女の提示する答えです。これもすべて理解した上で、就活生のみなさんが一番知りたいのは、「高い価値をもつ専門技能」とは何かということではないでしょうか？

　彼女は「高い価値をもつ専門技能の３条件」についても明示しています。

■ これからは「連続スペシャリスト」の時代だ

これからは
連続スペシャリスト
の時代

—リンダ・グラットン

条件１．その技能が価値を生み出すことが広く理解されていること

条件２．その技能の持ち主が少なく、技能に対する需要が供給を上まわっていること

条件３．その技能が他の人に模倣されにくく、機械によっても代用されにくいこと

　みなさんには就活中に、将来的に「連続スペシャリスト」を目指すことと、そのために「高い価値をもつ専門技能」を見極めることにチャレンジしてもらいたいと思います。私からみなさんに１つヒントを提供するならば、「デジタル技術やAIに関係する仕事」に関心を持って、積極的に見てみてほしいということです。理由は単純です。デジタル技術やAIに関係する仕事については、これからますます需要が大きくなるのは火を見るより明らかですし、何より、若い人材が市場を形成しているからです。この分野には年長者が参入する可能性が少ないため、若いうちから参入すれば20代でも第一人者になれる可能性があります。ぜひ私のヒントも活かして、自分なりに「連続スペシャリスト」への道を模索してください。

┌─ 自分の言葉で説明できるかチェック ─

□ 左下の図を見ながら、「リンダ・グラットン氏の唱える『連続スペシャリスト』の概念」について説明できる？

□ 右下の図を見ながら、「『連続スペシャリスト』になるための４つのステップ」について説明できる？

■ これが「連続スペシャリスト」への道だ

※リンダ・グラットン『ワーク・シフト』を基に作成

「連続スペシャリスト」になるための４つのステップ

STEP1	未来の世界で具体的にどういう技能が価値をもつかという予測を立てる
STEP2	未来に価値をもちそうな技能を念頭に置きつつ、自分の好きなことを職業に選ぶ
STEP3	その分野で専門技能に徹底的に磨きをかける
STEP4	ある分野に習熟した後も、移行と脱皮を繰り返して他の分野に転進する覚悟を持ち続ける

STEP ❶：近未来分析「未来の働き方」
「個人力」の時代

　現代は「個」の時代とよく言われます。そしてコロナショック以降、ますます「個」の時代が加速しています。「個」の時代に、人は何をよりどころにして自分の人生を生きていけば良いのでしょうか？

　この質問に対して、元日本マイクロソフト業務執行役員で株式会社圓窓代表を務める澤円氏は、「個人力」がその答えだとしています。澤氏は著書『個人力 やりたいことにわがままになるニューノーマルの働き方』の中で、「個人力」について次のように述べています。

　「端的に言うと、僕は『個人力』とは、『ありたい自分』のまま人生を楽しんで生きていく力だと定義しています。 なんだ、実に『あたりまえ』のことじゃないかと思うかもしれませんが、実はこれがなかなか簡単にできることではないとも感じませんか？　あなたはいかなるとき、いかなる場所でも、常に『ありたい自分』でいられていますか？　四六時中とはいわないまでも、どんなときでも人生に満足して、心の底から楽しんで生きているでしょうか？　もちろん、僕自身も道半ばです。毎日『本当に僕はこれをやりたいの？』と、その都度意識して、考えながら日々を生きています」。

　澤氏はまた、強い「個」がこれからの時代をつくると断言し、**これから**

■ これからは「個人力」の時代だ

※澤円『個人力』を基に作成

個人力とは

多様な人たちと助け合いながら、「ありたい自分のまま人生を楽しんで生きていく力」　　　社会を「ひとりで生き抜く力」

ますます「個」として何ができ、何を選ぶのかが問われるようになると述べています。そして、これからの時代では、「わたしはこうありたい」と自分自身を定義し、あたりまえを疑い、常に自分自身をアップデートさせながら、多様な価値観を持った人々と協働していくことが求められると説いています。

　私は、澤氏の考えを知った就活生のみなさんに、今だからこそ考えてほしいことがあります。それは「連続スペシャリスト」や「個人力」がますます求められる時代において、自分はどんな働き方を主体的に選択して生きていくのかということです。**以前と変わらず、多くの親や先輩がすすめる、他人が決めたやり方に従うような働き方を選ぶのか？　あるいは、自分で新しい生き方や働き方を模索していくのか？　みなさんの選択次第で未来は大きく変わります。**ぜひ一度立ち止まって自分の頭でよく考えてみてください。

　自分の言葉で説明できるかチェック

☐ 左下の図を見ながら、「澤円氏の唱える『個人力』の概念」について説明できる？

☐ 右下の図を見ながら、「澤円氏の唱える『時代が求める思考のサイクル』」について説明できる？

■ 強い「個」がこれからの時代をつくる

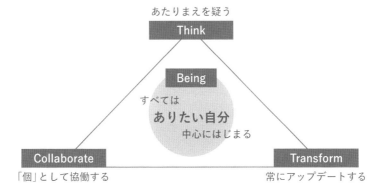

時代が求める思考のサイクル

※澤円『個人力』を基に作成

あたりまえを疑う
Think

Being
すべては
ありたい自分
中心にはじまる

Collaborate
「個」として協働する

Transform
常にアップデートする

STEP ❶：近未来分析「未来の働き方」
厚生労働省報告書
「働き方の未来2035」①

　近未来分析で将来の自分の働き方を考えるにあたって、できればすべての就活生に必ず目を通しておいてほしいレポートがあります。それは、**厚生労働省の報告書「働き方の未来2035 ～一人ひとりが輝くために～」**です。このレポートは2016年の8月に公開されたものですが、コロナ後の今読み返してみても、その内容は色褪せるどころか、ますます現実味を増してきているように思います。

　2016年8月の報告書公開当時、厚生労働省のWebサイトに掲載されている塩崎恭久厚生労働大臣（当時）のコメントは以下の通りです。
「本報告書では、今後AI等の飛躍的技術革新によって、時間、空間制約が激減し、既成概念から解放され、多様な働き方のチャンスが大幅に拡大すること、そしてそのチャンスを生かすためには、技術革新や産業構造の変化に合わせて、あるいはそれを先取りする形で、働く人が適切に選択できるための情報開示や、再挑戦可能な日本型のセーフティーネットの構築など新しい労働政策を構築していく必要性があることなど、将来を見通した多くの示唆に富む提言が指摘されています」。

　このコメントの中で私が就活生のみなさんに必ず意識してほしいのは、「未来のチャンスを生かすためには、これから起こる変化に合わせるか、

■ 厚生労働省報告書「働き方の未来2035」を読んでみよう

※出所：https://www.mhlw.go.jp/file/06-Seisakujouhou-12600000-Seisakutoukatsukan/0000133449.pdf

変化を先取りする形で新しいスタイルを考える必要がある」ということです。これこそ、就活中に近未来分析をし、将来の自分の働き方を考える目的だからです。

　このレポートの中でも第1章、第2章、第3章（1～13ページ）は全員必読です。第1章では、このレポートの副題である「一人ひとりが輝くために」どんなことを考えていくべきか方向性が示されています。また第2章では、少子高齢化と技術革新のインパクトが述べられ、2035年がどのような社会になっているかがイメージできるようになっています。そして第3章では、技術革新に伴って2035年頃、我々はどのような働き方をしているかの仮説が示されています。

　本書では次ページ以降で、このレポートの第3章で取り上げられていることの中で、特に就活生のみなさんに知っておいてもらいたい内容を抜粋して紹介していきます。

┌─ 自分の言葉で説明できるかチェック ─

□ 左下の図を見ながら、「厚生労働省報告書『働き方の未来2035』の概要」について説明できる？
□ 右下の図を見ながら、「『働き方の未来2035』の1～13ページの重要性」について説明できる？

■ 特に「働き方の未来2035」の前半部分は全員必読だ

1～13ページは全員必読!!

STEP ❶：近未来分析「未来の働き方」
厚生労働省報告書
「働き方の未来2035」②

　ここでは「働き方の未来2035」の第3章のうち、「１．時間や空間にしばられない働き方に」「２．より充実感がもてる働き方に」「３．自由な働き方の増加が企業組織も変える」の３つのパートについて、特に大事な部分を一緒に確認していきましょう。

　まず、「１．時間や空間にしばられない働き方に」で注目したいのは、「2035年には、各個人が、自分の意思で働く場所と時間を選べる時代、自分のライフスタイルが自分で選べる時代に変化している」「**時間や空間にしばられない働き方への変化をスムーズに行うためには、働いた『時間』だけで報酬を決めるのではない、成果による評価が一段と重要になる**」という部分です。

　次に、「２．より充実感がもてる働き方に」で注目したいのは、「誰かを働かせる、誰かに働かされるという関係ではなく、共に支え合い、それぞれが自分の得意なことを発揮でき、生き生きとした活動ができる、どんな人でも活躍の場がある社会を創っていくことになる。**自立した個人が自律的に多様なスタイルで『働く』ことが求められる**」という部分です。

　そして、「３．自由な働き方の増加が企業組織も変える」で注目したいのは、「自立した自由な働き方が増えることで、企業もそうした働き方を

■ 2035年、「時間」より「成果」による評価が重要に!?

	今	2035年
仕事する 「場所」	同じ空間 （１か所）	それぞれが選ぶ場所 （リモートワーク）
仕事する 「時間」	決まった時間	それぞれが選ぶ時間
	時間 重視の評価	**成果** 重視の評価

緩やかに包摂する柔軟な組織体になることが求められる。また、変化のスピードが速くなることで、企業自体がそれに対応するために機動的に変化せざるを得ない時代がやってくる」、「2035 年の企業は、極端にいえば、ミッションや目的が明確なプロジェクトの塊となり、多くの人は、プロジェクト期間内はその企業に所属するが、プロジェクトが終了するとともに、別の企業に所属するという形で、人が事業内容の変化に合わせて、柔軟に企業の内外を移動する形になっていく。その結果、企業組織の内と外との垣根は曖昧になり、企業組織が人を抱え込む『正社員』のようなスタイルは変化を迫られる」の部分です。

　詳しくは報告書の本文を読んでいただきたいのですが、ここで抜粋した部分だけでも、2035年には、企業の在り方や正社員中心の雇用形態が、大きく変化しているかもしれないと感じられたのではないでしょうか?

┌─ 自分の言葉で説明できるかチェック ─┐

□ 左下の図を見ながら、「近未来では、『時間』より『成果』による評価が重視されるようになる理由」について説明できる?
□ 右下の図を見ながら、「近未来では、プロジェクト単位で企業とかかわる働き方になる理由」について説明できる?

■ 2035年、プロジェクト単位で企業とかかわる働き方に!?

今	2035年
■ 企業が１つのコミュニティのような存在 ■ 企業組織ごとに垣根が存在する	■ 企業は、ミッションや目的が明確な「プロジェクト」の塊 ■ 企業組織の内と外の垣根がなくなる

企業 中心　　　　　　　プロジェクト 中心

STEP ❶：近未来分析「未来の働き方」

厚生労働省報告書「働き方の未来2035」③

　続いて第3章のうち、「4．働く人が働くスタイルを選択する」「5．働く人と企業の関係」の2つのパートについて、大事な部分を一緒に確認していきましょう。

　まず、「4．働く人が働くスタイルを選択する」で注目したいのは、「働き方の選択が自由になることで、〔中略〕もちろん、一つの会社、一つのプロジェクトに従事する場合もあるだろうが、**複数の会社**の**複数のプロジェクトに同時に従事する**というケースも多く出てくるだろう。その結果、個人事業主と従業員との境がますます曖昧になっていく。組織に所属することの意味が今とは変わり、複数の組織に多層的に所属することも出てくる。また、プロジェクトの中には、非営利なものも、社会貢献を目指すものや自己実現を中心としたものもある」の部分です。

　次に、「5．働く人と企業の関係」で注目したいのは、「このような働き方になれば、当然、今とは違って、人は、一つの企業に『就社』するという意識は希薄になる。専門的な能力を身に着けて、専門的な仕事をするのが通常になるからだ。どのような専門的な能力を身に着けたかで、どのような職業に就くかが決まるという、文字通りの意味での『就職』が実現する。ただし、技術革新のスピードが速いことを考えると、専門的な能力は、

■2035年、複数組織で複数プロジェクトに同時にかかわる!?

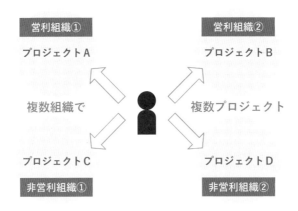

環境の変化に合わせて変化させていく必要が（ある）」、「企業の多様化が進むなかで、一部の大企業はロイヤリティを有した組織運営を継続していくだろう。しかし、これまでのように企業規模が大きいことのみでは働く人のニーズを満たすことはできず、働く人にどれだけのチャンスや自己実現の場を与えるかが評価されるようになる。企業経営者も企業規模を拡大させることよりも、企業の個性を磨き魅力を高め、働く個人から選ばれる企業を目指すことが求められるだろう」の部分です。

　近未来分析の冒頭で私が解説した「就社から就職への意識の変化」や「連続スペシャリスト」「個人力」の考え方が、2035年にはますます進化しているかもしれないことを感じていただけたのではないでしょうか？

自分の言葉で説明できるかチェック

□ 左下の図を見ながら、「近未来では、複数組織で複数プロジェクトにかかわるのが一般的になる理由」について説明できる？
□ 右下の図を見ながら、「近未来では、働く人と企業との関係が劇的に変化する理由」について説明できる？

■2035年、働く人と企業との関係が劇的に変化する!?

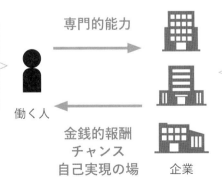

STEP ❶：近未来分析「未来の働き方」
事例紹介（ヤフー株式会社「ギグパートナー」を募集開始）

「働き方の未来2035年」の内容に触れた就活生のみなさんの中には、「今と2035年では働き方が大きく変わりそうだな」と感じた方が、たくさんいるのではないでしょうか？

こうした**働き方の変化は今もすでに起こり始めている**ということを知っていただくために、ヤフー株式会社の「ギグパートナー募集」についての事例をご紹介します。

ヤフー株式会社は2020年7月、「ギグパートナー募集開始」というプレスリリースを出しました。これは、他社で働きながらも副業として同社で働きたい人材（＝ギグパートナー）を、100名程度原則テレワークで募集するもので、このニュースは多くのビジネスパーソンの間で大きな話題になりました。

ヤフーのギグパートナー募集のWebサイトには「UPDATEみんなの働き方」として以下のような説明文が掲載されています。

「ヤフーの働き方が変わります。そして、ヤフーはみなさんの働き方も変えたい。だから『ギグパートナー』を募集します。**時間や場所の制約を取りはらい、組織や企業の垣根を越えて**、従来では交わることのできなかった人たちと、わたしたちはこれからたくさん出会い、ともにオープンイノ

■ ヤフー、ギグパートナー募集でみんなの働き方をUPDATE

※ヤフー株式会社ホームページより

ベーションを創出する未来を思い描いています。『より創造的な便利』を一緒に生み出していきませんか、そんな思いをこめた『ギグパートナー』です。ヤフーは働く環境をオンラインに引っ越しました。**どこで働いてもいい。いつ働いてもいい。副業も、もっとしやすくなりました。**既に企業に勤めている方も。自分でビジネスをされている方も。あらゆる制約がなくなったヤフーという舞台で、みなさんの才能を重ね合わせ、協奏していきませんか」。

　この説明文を読んで勘の良い就活生は気づいたのではないでしょうか？そうです。すでに「働き方の未来2035年」で描かれた未来予想図に向けて先進的な企業は動き始めているのです。**本書を手に取り、戦略的に就活を進めている就活生のみなさんには、必ず「これからの働き方の変化」を強く意識して、**近い将来自分がオワコンにならないような働き方を模索してほしいと強く思います。

自分の言葉で説明できるかチェック

□ 左下の図を見ながら、「ヤフー株式会社がなぜ『ギグパートナー』の募集を開始したか」について説明できる？

□ 右下の図を見ながら、「ヤフー株式会社『ギグパートナー制度』の概要」について説明できる？

■ 外部専門人材を原則テレワークで募集

※ヤフー株式会社ホームページより

STEP ❷：近未来分析「未来の企業の姿」
「デジタル・ディスラプション」の時代

　ここからは近未来分析の中でも、未来の企業の姿について解説していきます。まずは「デジタル・ディスラプション（デジタル技術による破壊的変革）」という言葉について説明していきたいと思います。

　世界有数の経営コンサルティング会社マッキンゼー・アンド・カンパニーでかつて日本代表を務めた大前研一氏は、著書『デジタル・ディスラプション時代の生き残り方』の中で次のように述べています。

　「Uberは既存のタクシー会社を凌駕し、Airbnbの出現によってこれまでのホテル業界の秩序は破壊されました。〔中略〕**まさに現代は、デジタル・テクノロジーによるイノベーションが既存のビジネス秩序を覆し、破壊する『デジタル・ディスラプション』の時代だといっていいでしょう。デジタル・ディスラプターはバリューチェーンや商習慣の非効率な産業や製品を見つけると、AIやロボットなどのテクノロジーを駆使して、一気にディスラプトしてしまいます。古い業界だけでなく、いまではクリエイティブ領域までもが標的にされているといっても過言ではありません。また、ディスラプターはどこからやってくるか予想もつかないため、業界内だけに目を光らせていても防ぎきれないのです」**。

　世界中の人々がスマホやタブレットを通じて大規模なデータ通信量でイ

■ デジタル・ディスラプターによる既存産業の破壊が進行している

※大前研一『デジタル・ディスラプション時代の生き残り方』を基に作成

デジタル・
ディスラプター
（破壊的企業）

破壊

既存企業
業界構造・業界秩序
など

テクノロジー
異なるビジネスモデル

（例）
Uber、Airbnb、Amazon
Netflix、Spotify、PayPal

（例）
タクシー・レンタカー
ホテル・旅館、小売業、物流
レンタルDVD、音楽配信、銀行（決済）

ンターネットを使いこなしていくにつれ、「テクノロジー」と「斬新なビジネスモデル」を駆使して既存企業にとって代わろうとする新興企業（デジタル・ディスラプター）がたくさん出てくるようになりました。これらの新興企業による既存産業、既存企業の破壊を、デジタル・ディスラプションと呼んでいます。

Uber（タクシー・レンタカー業界）やAirbnb（ホテル・旅館業界）以外にも、Amazon（小売業界）やNetflix（レンタルDVD・TV業界）、Spotify（音楽業界）、PayPal（銀行〔決済〕業界）など、多くの新興企業がデジタル・ディスラプションを繰り返しています。**日本でも、ほぼすべての産業・業界がこうしたデジタル・ディスラプションの影響を受けると指摘されており、近未来の企業の姿を考える上で、このトレンドは必ず押さえなければなりません。**

自分の言葉で説明できるかチェック

☐ 左下の図を見ながら、「デジタル・ディスラプターによる既存産業の破壊の概要」について説明できる？

☐ 右下の図を見ながら、「ほぼすべての産業がデジタル・ディスラプションの影響を受けること」について説明できる？

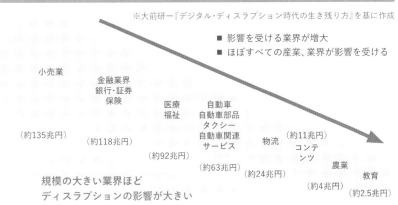

■ ほぼすべての業界がデジタル・ディスラプションの影響を受ける

STEP ❷：近未来分析「未来の企業の姿」
「AIの社会実装」が加速

　もう一つ、未来の企業の姿を考える上で欠かせないのが、「AIの社会実装」についての動向です。ここでは、今話題になっているAIについて、どこに注目すればいいのかに焦点をあてて一緒に見ていきましょう。

　まずは、AIの得意領域と苦手領域について理解を深めていきましょう。『文系AI人材になる』の著者である野口竜司氏によると、**AIの得意領域は、①識別**（情報判別、音声・画像動画の理解、異常検知）、**②予測**（数値予測、ニーズ・意図予測、マッチング）、**③会話**（チャット、翻訳）、**④実行**（表現生成、デザイン、行動最適化、作業自動化）に分類されます。逆にAIが苦手なのは、「ビジョンを描いたりゴールを設定したりすること」「人間が不快に感じることを察知すること」「事例が少ない場合の対応」「問いを立てること」「枠組みをデザインすること」「ひらめき」「常識的な判断」「リーダーシップ」などだと言われています。

　野口氏はまた「5つの共働きスタイル」という名前で、人とAIの共生（分業）のパターンを示しています。野口氏の分類によれば「人中心」から「AI中心」まで左下の図の通り、5つの型に分かれることになります。

　就活生のみなさんは「AIの社会実装」が加速すると聞くと、シンギュラリティ（人間の知性を超えるレベルでAIが発達し、社会が大きく変わ

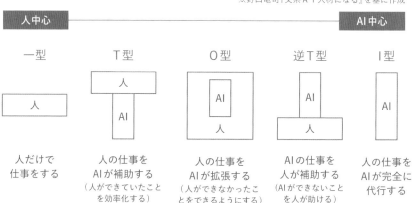

■ 今後進行する「人とAIの分業」は5パターンに分類できる

※野口竜司『文系ＡＩ人材になる』を基に作成

人中心　→　AI中心

一型	T型	O型	逆T型	I型
人	人 / AI	AI / 人	AI / 人	AI
人だけで仕事をする	人の仕事をAIが補助する（人ができていたことを効率化する）	人の仕事をAIが拡張する（人ができなかったことをできるようにする）	AIの仕事を人が補助する（AIができないことを人が助ける）	人の仕事をAIが完全に代行する

る転換点）についての話に気をとられることが多いですが、**これから加速度的スピードで社会実装されていくAIは、AIの「４つの得意領域」のうちどれを活かしたものなのか、「５つの型」のうちどのパターンにあてはまるのかを冷静に見極められる目を養ってほしい**と思います。

　次に、『AI ＆ フィンテック大全』（大前研一編著）にて掲げられている、2030年までの中長期的なAI活用の中長期的予測について、右下の図を見てください。５年単位で見て最もインパクトが大きそうなのは「医療」「物流」「自動車（移動）」「翻訳」「エネルギー」の分野だということが見てとれます。

　このように、**大きな流れの中で、AIがどのように社会実装されていくのかを押さえ、どの企業がそのAI開発を担っていくのかを考えられるようになってほしい**と思います。

　自分の言葉で説明できるかチェック

□ 左下の図を見ながら、「野口竜司氏の提唱する『人とAIの分業』の５パターン」について説明できる？

□ 右下の図を見ながら、「2030年までのAIの社会実装の進行見込み」について説明できる？

■ 2030年までにAIの社会実装はここまで進む!?

※大前研一『AI ＆ フィンテック大全』を基に作成

インパクト	2015	2020	2025
大	●医療画像診断	●医療技術の高度化 ●運輸（ロジスティクスの最適化）	●自動運転 ●製造（スマートファクトリー） ●運輸（自動配送） ●自動翻訳（高度） ●エネルギー（スマートグリッド）
中	●バイオ ●創薬 ●コールセンター	●ヘルスケア ●金融融資や審査自動化 ●エネルギー（HEMS）	●弁護士・税理士業務代行 ●家事サービス
小	●金融不正検知 ●Web広告レコメンド ●警備・防犯	●接客 ●自動翻訳（基礎） ●家庭用ロボット	●介護 ●教育

2015　2020　2025　2030

STEP ❷：近未来分析「未来の企業の姿」
デジタルトランスフォーメーション（DX）は不可避

　ここまで「デジタル・ディスラプション」の進行と「AIの社会実装」の進行を見てきましたが、これらを受けて、**現在日本の多くの企業にとって経営の最重要検討事項の１つとなっているのが「デジタルトランスフォーメーション（DX）」**です。ここでは企業の近未来分析をする上で避けては通れない「DX」について解説していこうと思います。

　経済産業省によるDXの定義は左下の図の通りです。この定義の中で**重要なのは、「企業がデータとデジタル技術を競争上の優位性を獲得できるレベルにまで活用する」**という点だと私は思います。単なるデータやデジタル技術の活用にとどまっていては「デジタル化」の域を出ません。競争上の優位性の獲得や競合他社との大きな差別化を実現して、はじめて「DX」と言えるのです。

　かつてソフトバンクの孫正義社長は、ソフトバンクグループの法人向けイベント「SoftBank World 2013」の基調講演において「デジタル・オア・ダイ。デジタル化するか、あるいは自らもう先がないという状態に追い込まれるかだ」と発言し、反響を呼びました。孫社長の言葉を借りるならば、**現在日本の企業の多くは「DX・オア・ダイ。DXに成功するか、あるいは自ら、もう先がないという状態に追い込まれるかだ」**と言っても過言では

■ デジタルトランスフォーメーション（DX）とは何か？

DXとは？

"企業がビジネス環境の激しい変化に対応し、データとデジタル技術を活用して、顧客や社会のニーズを基に、製品やサービス、ビジネスモデルを変革するとともに、業務そのものや、組織、プロセス、企業文化・風土を変革し、競争上の優位性を確立すること"

※経済産業省「DX推進ガイドライン」より

ない状態にあると私は思います。

　マッキンゼー・アンド・カンパニーのシニアパートナーであり、企業変革支援「Leap by McKinsey」の責任者であるAri Libarikian氏はDXについて次のように述べています。

「マッキンゼーがDXという場合、もっとも高いレベルでは2つ意味がある。1つ目はコアビジネスの変革であり、これはテクノロジーを活用して既存の事業をよりよく、速く、安価で、効果的なものとすることだ。もう1つが新規ビジネスの構築であり、これはコアビジネスの外に踏み出して、これまでは存在しなかったものを生み出すことを意味している」（https://japan.zdnet.com/article/35148760/）。**日本企業のDXの成否を見る視点として、コアビジネスでのDXの成否と、新規ビジネスでのDXの成否の両方に注目して、分析していくべきだと言えるでしょう。**

> 自分の言葉で説明できるかチェック

　□ 左下の図を見ながら、「デジタルトランスフォーメーション（DX）の定義」について説明できる？
　□ 右下の図を見ながら、「コアビジネスの変革と新規ビジネスの構築という2つのDX」について説明できる？

■ コアビジネス＆新規ビジネスのDXの成否に注目しよう

デジタル・テクノロジーを活用したコアビジネスの変革

デジタル・テクノロジーを活用した新規ビジネスの構築

テクノロジーを活用して、既存の事業をよりよく、速く、安価で、効果的なものにすること

コアビジネスの外に踏み出して、これまでは存在しなかったものを生み出すこと

STEP ❷：近未来分析「未来の企業の姿」
経団連提言・報告書「DX」①

　企業の近未来分析を行うにあたって、すべての就活生に必ず目を通しておいてほしいレポートがあります。それは、経団連の提言・報告書「Digital Transformation（DX）〜価値の協創で未来をひらく〜」です。

　このレポートは2020年の5月に公開されたもので、企業がDXを推進するための指標を明示しています。指標は「協創」「経営」「人材」「組織」「技術」という5つの要素と5つの到達段階（レベル）で構成されており、この指標は就活生のみなさんが企業のDX進捗を見る上でとても有効なものだと思います。

　この提言・報告書の要点を1つずつ見ていきましょう。まず、この提言の中で経団連はデジタルやデータによる変化は、テクノロジーの変化だけでなく、社会基盤や文化そのものの変革をもたらすとし、DXを次のように定義しています。「デジタル技術とデータの活用が進むことによって、社会・産業・生活のあり方が根本から革命的に変わること。また、その革新に向けて産業・組織・個人が大転換を図ること」。

　この定義で重要なのは、DXが単なるデジタル技術とデータの活用（＝デジタル化）にとどまらないことを、「根本から革命的に変わる」「大転換を図る」という言葉で強調している点だと私は思います。

■ 経団連「DX〜価値の協創で未来をひらく〜」を読んでみよう

※出所：https://www.keidanren.or.jp/policy/2020/038_honbun.pdf

　また提言では「DXはこれまでの企業組織の延長線上で実現できるものではない。生活者価値起点・価値協創型の企業への転換に向けて、既存の事業や文化を根本から変えていく必要がある。これは各社において第二・第三の創業と言って良いほど大きなインパクトを持つものである」とも述べられており、これを読むだけでもDXの推進がどれだけ難しいものなのかが、就活生のみなさんにも伝わるのではないかと思います。

　次節では、就活生のみなさんが企業のDX推進を分析する上で有効な指標（「5つの要素」と「5つの到達段階（レベル）」）について、詳しく解説していきたいと思います。

自分の言葉で説明できるかチェック

　□ 左下の図を見ながら、「経団連『DX～価値の協創で未来をひらく～』の概要」について説明できる？

　□ 右下の図を見ながら、「『5つの要素』に着目した企業DXの分析」について説明できる？

■ 企業DXの分析は「5つの要素」に注目しよう

※「Digital Transformation (DX)～価値の協創で未来をひらく～」より

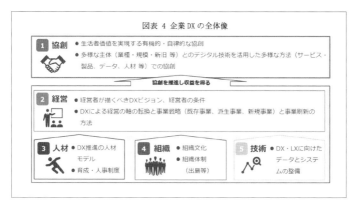

STEP ❷：近未来分析「未来の企業の姿」
経団連提言・報告書「DX」②

　ここでは、経団連の提言・報告書「Digital Transformation（DX）〜価値の協創で未来をひらく〜」の中で、就活生のみなさんが企業の近未来分析をする際に特に大事な部分を一緒に確認していきましょう。

　提言では、企業のDX推進の指標として「協創」「経営」「人材」「組織」「技術」という５つの要素と、それぞれについての５つの到達段階（レベル）を示しています。ここで注目すべきは、５段階中２段階目が「DX Ready」状態として定義されていることです。つまり、**就活生のみなさんが企業を探す際には、**もちろん、貪欲にレベル３、レベル４、レベル５の企業を探していく努力をしていただければと思いますが、**「少なくともレベル２のDXを推進できている企業を探そう」**という気持ちを持っていただければと私は考えています。

　それでは、「DX Ready」状態として定義されているDXレベル２の企業は、どのような状態でしょうか？　最もわかりやすい点として、「組織」要素の「DXの推進組織がすでに立ち上げられているか」が挙げられると思います。次に、「経営」要素の「経営者がDXの重要性をよく理解しているか」また「DX担当の役員がいるか」、「協創」要素の「自社の強みを把握して、自社にない強みを持つ協創パートナーを探しているか」などを調べるべきだと思います。

　ここで重要なのは、就活生のみなさんは、ほぼ全員、社会人経験がなく、ビジネス経験がないわけですから、自分で調べて自分の頭だけで考えようとせずに、企業のDXキーパーソンを捕まえてインタビューを繰り返しながら理解を深めていくべき、という点です。私ならこうします。企業説明会で出会った人事担当の方に、「御社のことが気になっており、御社のDXについて理解を深めたいので、御社のDXに携わっている方にインタビューさせていただけませんか？」とお伝えし、DX担当部署の責任者や担当者につないでもらい、学生の自分でもわかるレベルで教えてもらうのです。この時に大事なのは、あらかじめ何を聞きたいのか質問項目を考えておくことと、なぜその質問をするのか、理由や背景を整理しておくこ

とです。これは相手に時間をいただいてインタビューさせていただく際の
最低限のマナーなので、必ず頭にいれておいてください。

自分の言葉で説明できるかチェック

□ 右下の図を見ながら、「経団連提言による企業の DX 進捗レ
ベル分析（レベル 1 ～レベル 5 ）」について説明できる？

■ 少なくとも「DX レベル 2 以上の DX 注力企業」を見極めよう

※「Digital Transformation（DX）～価値の協創で未来をひらく～」を基に作成

	協創	経営	人材	組織	技術
Lv 5	■複数の協創事業を軸に、業界再編を牽引	■経営層の過半数が DX 牽引 ■経営層にグローバル人材を登用 ■収益の30％を DX が牽引	■起承転結人材のグローバル展開 ■リテラシー教育を資産化し外販	■DX が組織の中核化 ■既存部門の再編が進み、DX 主体の組織に変革	■DX 実装を自社が主導 ■DX 実装の大半が AI、Cloud、Agile 等を全面採用 ■LX が全面稼働
Lv 4	■複数の協創事業を牽引し新事業領域を創設	■DX を経営層が牽引 ■経営層に複数の外部人材を登用 ■収益の10％を DX が牽引	■外部採用、協創により起承転結人材を概ね充足 ■リテラシー教育が本格化	■DX 推進組織が独立 ■既存部門による DX 事業も複数事業化 ■組織風土改革が全社浸透	■DX 実装の過半を自社で対応 ■AI、Cloud、Agile 等主要技術を導入、実装が進行 ■LX が部分稼働を開始
Lv 3	■協創事業を定義し、経営計画化 ■自社の強みを活かした協創事業を開始	■経営計画に DX の vision を明記、公開 ■経営層に外部人材を登用 ■DX により一定収益を計上	■外部採用、協創による人材拡充を開始 ■リテラシー教育の展開を開始	■DX 推進組織による新規事業が複数事業化 ■既存部門との業務連携始動 ■組織風土改革が本格化	■DX 実装のための AI、Cloud、Agile 等主要技術を自社導入 ■LX 計画が承認され、プロジェクト始動
DX Ready Lv 2	■DX 推進に協創が不可欠であることを認知 ■協創にあたっての自社の強み弱みを把握	■DX の本質を経営層が理解 ■DX 自己診断を実施 ■経営層に技術人材を登用 ■DX による収益目標を設定	■起承転結人材の充足性評価により、充足計画済み ■リテラシー教育計画立案済み	■DX 推進の組織を立ち上げ済 ■DX 推進部門と既存部門の連携方法を確立 ■組織風土改革に着手	■DX 実装のための技術領域を定義 ■LX の必要性を評価し、実施を計画化
Lv 1	■自社での取り組みに集中	■DX の検討は部門任せ ■DX が業界や自社の企業経営に与える影響の認識も不十分	■DX に必要な人材定義が未了 ■リテラシー教育計画未着手	■DX 推進のための組織対応は未着手	■DX のシステム対応は外部委託中心 ■LX のビジョン立案未着手

STEP ❷：近未来分析「未来の企業の姿」
事例紹介
（経済産業省「DX認定制度」）

　ここまで企業の近未来分析を進めてきた就活生のみなさんの中には、「企業を見るときに、その企業がどれだけDXに力を入れているかもチェックしていかないといけないな」と感じた方がたくさんいるのではないでしょうか？

　みなさんが少しでもDXに力を入れている企業を見つけやすくするために、ここでは経済産業省による「DX認定制度」について紹介しておきたいと思います。

　経済産業省は企業のDXを推進するため、左下の図のように、「DX-Excellent企業」選定、「DX注目企業」選定、「認定事業者」選定（「DX-Ready企業」選定）の3つの認定制度を創設し、2020年から運用を開始しています。3つの企業カテゴリーの違いは以下の通りです。

- ●認定事業者（DX-Ready企業）：ビジョンの策定や、戦略・体制の整備などをすでに行い、ステークホルダーとの対話を通じて、デジタル変革を進め、デジタルガバナンスを向上していく準備が整っている企業
- ●DX注目企業：認定事業者のうち情報開示を積極的に行い、将来性を評価できる企業
- ●DX-Excellent企業：認定事業者のうち情報開示を積極的に行い、すで

■ 国による「DX認定制度」が2020年、本格始動

認定制度を活用した企業選定イメージ　　※経済産業省「Society5.0時代のデジタル・ガバナンス検討会」資料を基に作成

DX-Excellent企業

DX注目（DX-Emerging）企業　　　　有識者審査委員会を開催し選定

認定事業者（DX-Ready企業）　　　　必要な要件を満たしていることを審査し、国が認定

DX-Ready以前

に優れた実績がある企業

　また、上場企業に関しては、経済産業省と東京証券取引所（東証）による「DX銘柄」、「DX注目企業」の選定が行われるようになり、2020年は株式会社小松製作所・トラスコ中山株式会社など35社がDX銘柄に、21社がDX注目企業に選定されています。2つの企業カテゴリーの違いは以下の通りです。

● DX銘柄：企業価値の向上につながるDXを推進するための仕組みを社内に構築し、優れたデジタル活用の実績が表れている企業
● DX注目企業：「DX銘柄」に選定されていない企業で、総合評価が高かった企業、注目されるべき取り組みをしている企業

　就活生のみなさんはこれらの公開情報を積極的に活用しつつ、64ページで述べた企業のDX担当者への独自のインタビュー調査もしっかり行った上で、DXに力を入れている企業（＝将来「オワコン化」しないであろう企業）を、自分自身の目で見極めてほしいと思います。

自分の言葉で説明できるかチェック

□ 左下の図を見ながら、「経済産業省による『DX認定制度』の概要」について説明できる？
□ 右下の図を見ながら、「経済産業省と東証による『DX銘柄』『DX注目企業』選定の概要」について説明できる？

■ 経済産業省と東証が「DX銘柄」「DX注目企業」を発表

DX銘柄

企業価値向上につながるDX推進の仕組みを社内に構築し、優れたデジタル活用の実績が表れている企業

DX注目企業

DX銘柄に選定されてない企業のうち、総合的評価が高かった企業、注目されるべき取り組みを実施している企業

近未来分析まとめ

Chapter 2
3-7

　近未来分析のパートでは前半は「私たちの未来の働き方」、後半は「企業の未来の姿」について考えてきましたが、ここで2つの要点をまとめておきましょう。

　みなさんは「私たちの未来の働き方」をなぜ、就活生のうちに深く考える必要があるのでしょうか？　それは、みなさんが将来「オワコン化」するのを防ぐためです。キーワードは「企業と個人のパワーバランスの変化」「連続スペシャリスト」「個人力」「働き方の未来2035（厚生労働省報告書）」「ヤフー『ギグパートナー』募集」などです。

　ここで最も私が伝えたかったメッセージは「これから働き方が大きく変わり、自立した個人がそれぞれの得意分野で複数のプロジェクトにかかわりながら働く時代が来るので、本書の読者のみなさんにはその時代が来てもしっかり価値が出せるように正しいファーストキャリアを選択し、連続スペシャリストになって個人力を上げていく道を進んでほしい」ということです。

　では、みなさんは「企業の未来の姿」をなぜ、就活生のうちに深く考える必要があるのでしょうか？　それは、みなさんが将来「オワコン化」する企業に就職するのを防ぐためです。キーワードは「デジタル・ディスラ

■ 近未来分析のゴール① 自分のオワコン化を防ぐ視点獲得

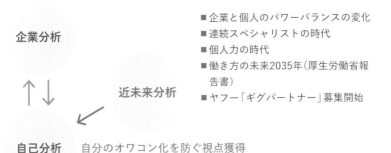

企業分析

↑↓　　　近未来分析

自己分析　　自分のオワコン化を防ぐ視点獲得

■企業と個人のパワーバランスの変化
■連続スペシャリストの時代
■個人力の時代
■働き方の未来2035年（厚生労働省報告書）
■ヤフー「ギグパートナー」募集開始

68

プションの時代」「AIの社会実装の加速」「デジタルトランスフォーメーション（DX）は不可避」「DX（経団連の提言・報告書）」「DX認定制度」などです。

　ここで最も私が伝えたかったメッセージは「**日本のほぼすべての産業でデジタル・ディスラプションが起こり、AIの社会実装が加速する中、企業のDXは不可避となるので、読者のみなさんにはできるだけ社会人の力も借りて、目利きしたDX先進企業に就職し、デジタル技術の進化がもたらす『変化の先頭集団』に属してキャリアを形成していってほしい**」ということです。

　いずれにせよ、過去から今の働き方だけを見て、また、過去から今の企業の姿だけを見て、安易に就職先を決定するのは絶対にやめてほしいと思います。**できることなら、自分の頭で未来の働き方、未来の企業の姿を考える努力をして、それも踏まえた上で、主体的なキャリア選択をしてほしいと思います。**

自分の言葉で説明できるかチェック

☐ 左下の図を見ながら、「近未来の個人の働き方を分析する目的」について説明できる？
☐ 右下の図を見ながら、「近未来の企業の在り方を分析する目的」について説明できる？

■ 近未来分析のゴール② 将来のオワコン企業を見抜く視点獲得

企業分析　　将来のオワコン企業を見抜く視点獲得

　　　　　　　　　　■ デジタル・ディスラプションの時代
　↑↓　　　　　　　■ AIの社会実装の加速
　　　　　　近未来分析　■ DXは不可避
　　　　　　　　　　■ DX（経団連提言・報告書）
　　　　　　　　　　■ DX企業認定制度

自己分析

STEP ❸：自己分析「過去〜現在の振り返り」
新卒採用と中途採用の違い

　ここから「自己分析」に入ります。自己分析について就活生に聞くと、「どうやってやればいいかわからない」「どこまでやればいいかわからない」という声がとても多く、私自身、自己分析は就活前半で就活生がつまずきやすいポイント No.1 なのではないかと思います。**本書では、まず「過去〜現在の自分の振り返り」を行い、次に「自分の特徴を明確化」し、最後に「就活戦略を策定」するという3ステップで自己分析を完了させていきます**ので、しっかりついてきてください。

　少し話が変わりますが、みなさんは「新卒採用と中途採用の違い」について考えたことがあるでしょうか？

　結論から言うと、新卒採用は「ポテンシャル採用」なのに対して、中途採用は「即戦力採用」という大きな違いがあります。

　もう少し詳しく整理します。新卒採用は、企業全体で採用計画を立て、年1回、4月の一括入社に向けて、主に大学3年生や大学院修士1年生を対象に実施されます。新卒採用では、候補者の大学や大学院までの活動から将来の活躍可能性を判断し採用するので、「ポテンシャル採用」と呼ばれています。

　一方で、中途採用は、企業の各部署が人員計画に基づいて随時実施する

■ 新卒は「ポテンシャル採用」で中途は「即戦力採用」だ

	新卒採用	中途採用
主体	企業全体	特定の部署
時期	毎年4月入社 （一括採用中心）	随時入社 （通年採用中心）
主な対象	大学3年生 大学院修士1年生	社会人経験者
採用スタンス	大学・大学院までの活動から 将来の活躍可能性を見極める	社会人時代の実績から 入社後の活躍可能性を見極める
	ポテンシャル採用	即戦力採用

もので、社会人経験者が採用対象です。中途採用では、候補者の社会人時代の実績から入社後の活躍可能性を判断し採用するので、「即戦力採用」と呼ばれています。

　選考を受ける際に企業に提出する書類にも、新卒採用と中途採用とでは大きな違いがあります。新卒採用は「履歴書」だけでいいのに対して、中途採用では「履歴書」に加えて「職務経歴書」が必要になってくるのです。「職務経歴書」という言葉を、はじめて聞いたという就活生が多いかもしれませんが、「その人が社会人になってからどんなプロジェクトをどんな役割で経験し、どんな成果を出して、どんな成長をしてきたか」を一覧で示したものが「職務経歴書」です。

　実は、この「職務経歴書」について理解を深め、新卒採用にも応用できれば、他の就活生と大きな差をつけることができるのです。次ページ以降で詳しく解説していきます。

> 自分の言葉で説明できるかチェック
>
>
> ☐ 左下の図を見ながら、「新卒は『ポテンシャル採用』、中途は『即戦力採用』と言われる理由」について説明できる？
> ☐ 右下の図を見ながら、「中途採用では『履歴書』に加えて『職務経歴書』が必要になること」について説明できる？

■ 中途採用では「履歴書」に加えて「職務経歴書」が必要になる

新卒採用	中途採用	
履歴書	履歴書	＋ 職務経歴書 社会人での経験・成果　必要!!

STEP ❸：自己分析「過去～現在の振り返り」
中途採用時の「職務経歴書」とは？

　ここでは中途採用の「職務経歴書」について、右下の図の具体的事例を参照しながら、どんなものなのか理解を深めていきましょう。

　職務経歴書は一言で言うと「その人が社会人になってから、どこに所属し、どんなプロジェクトをどんな役割で経験し、どんな成果を出して、どんな成長をしてきたか」を一覧で示したものです。つまり、**職務経歴書を見れば、その人が社会人になってからどんなプロジェクトを通じてどんな能力を獲得してきたのかが、一目でわかるようになっています**。実際に中途採用の面接では職務経歴書に記載されている1つ1つのプロジェクトについて、面接官から細かく質問され、候補者はその質問に丁寧に答えていくのが一般的です。

　さて、職務経歴書には大きく3つのポイントがあります。

❶社会人1年目～現在まで経験したことをすべて所属部署単位、プロジェクト単位でまとめている点（**経験のプロジェクト化**）

❷各プロジェクトについて、プロジェクトの概要や自分の役割、プロジェクトの成果をまとめている点（**プロジェクトの見える化**）

❸各プロジェクトを通じて、自分がどんな成長をしたかをまとめている点（**プロジェクトを通じた自己成長の見える化**）

　私が自己分析の最初のステップで、就活生のみなさんにわざわざ中途採用の職務経歴書を紹介しているのには理由があります。勘の良い方はもうお気づきかもしれませんが、この**職務経歴書の3つのポイントは新卒の就職活動でも応用できる**からです。つまり、あなたの小学校時代・中学校時代・高校時代（浪人時代）・大学時代（大学院時代）の主要な経験をプロジェクト化し、プロジェクトの見える化をし、プロジェクトを通じた自己成長の見える化をしていけばいいのです。

　自分史を作ったり、モチベーショングラフを作ったり、大学時代に力を入れたこと（いわゆる「ガクチカ」）をまとめたりと様々な自己分析の方法がありますが、私は**中途採用の職務経歴書と同じやり方で自分の小学校時代から現在までの経験を棚卸しして一覧表にまとめる方法**が、最も効率

的な自己分析の方法だと思います。本書では、新卒版の職務経歴書を「成長見える化シート」と名付けました。次のページからは「成長見える化シート」の完成形を示し、作成方法について詳しく解説していきます。みなさんもノートやPCを準備して、本書のやり方に従ってぜひ自分の「成長見える化シート」を作ってみてください。驚くほど簡単に自己分析のファーストステップを完了させることができるはずです。

自分の言葉で説明できるかチェック

□ 右下の図を見ながら、「職務経歴書は社会人1年目〜現在までの『プロジェクト集』だと言えること」について説明できる?

■ 職務経歴書は入社1年目〜現在までの「プロジェクト集」だ

■ 職務要約

○○大学卒業後、XX株式会社に入社し、業務系システムの開発プロジェクトにプロジェクトマネージャーとして従事してまいりました。その後、さらに業務範囲を広げるべく、YY株式会社に転職し、部長としてIT企画・システム部門を統括、エンジニアチームの発足にはじまり、部内のメンバー育成に取り組みました。……

■ 職務経歴

XX 株式会社 (2007 年 4 月 1 日〜 2016 年 12 月 31 日)	
第一産業開発部門 プロジェクトマネジメントチーム チームリーダー (2007.05.01 〜 2013.03.31)	【業務系システム開発プロジェクト（メーカー）】 ■プロジェクト概要：海外展開するメーカーの受注〜製造までを担う工程管理システムの開発プロジェクトに従事。参画当初はマネージャー補佐として、4 年目以降はプロジェクトマネジメントチームのマネージャーとしてプロジェクトの進行管理を担当した。 ■開発規模：年間約 500 人月の開発規模のプロジェクト ■役割：プロジェクトマネジメントチームのマネージャー（4 年目〜） ■成果・達成事項：クライアントの要求に応える仕様を反映し、予算通りに納期を守ってリリースを繰り返し行った。
第二産業開発部門 プロジェクトマネジメントチーム マネージャー (2013.04.01 〜 2016.12.31)	【業務系システム開発プロジェクト（銀行）】 ■プロジェクト概要：邦銀の統合に伴う勘定系システム刷新のプロジェクトマネージャーとして従事。 ■開発規模：年間約 1,000 人月の開発規模のプロジェクト ■役割：プロジェクトマネジメントチームのマネージャー ■成果・達成事項：コンペに参加して提案書を作成し受注。その後、要件定義、設計・開発までプロジェクトをリード。2016 年 4 月に初回リリースも無事完了。
YY 株式会社 (2017 年 1 月 1 日〜 2020 年 12 月 31 日)	
IT 企画部 部長 (2017.01.07 〜 2020.12.31)	【エンジニアチームの発足と採用強化プロジェクト】 ■プロジェクト概要：外部委託比率が高かったシステム開発の内製化を進めるために、外部コンサルタントを招聘してエンジニアチームの発足、採用を積極的に行った。 ■役割：部長 ■成果・達成事項：2 年強の期間をかけて、社員エンジニア 10 名と業務委託エンジニア 5 名、合計 15 名のエンジニアチームを完成させた。100% 外部委託だったシステム開発を金額ベースで 40% 分内製化し、生産性の向上を達成した。

STEP ❸：自己分析「過去〜現在の振り返り」

新卒採用では「成長見える化シート」を作る

　ここでは就活生のみなさんに「成長見える化シート」の全体像をつかんでもらいたいと思います。下図（左右）に完成形を示しますが、「成長見える化シート」は、縦軸に時期、横軸にプロジェクトや成長ポイントを記入する表形式になっています。縦軸の時期については「小学校時代」「中学校時代」「高校時代」「浪人時代」「大学時代」「大学院時代」の6つに分類されています。横軸のプロジェクトについては、「所属学校」「所属組織・役割」「成長ポイント」「成長インパクト」「成長ポイントの深掘り」の5項目に分かれています。

　まずは左下の図のように「小学校時代〜現在までの主要な経験をすべてプロジェクト化」していきます。「今までの人生で、いつどんな成長をしたのかを思い出して、すべて書き出してください」と言われても、いきなりスラスラ書ける人は少ないと思います。ですので、まずは「小学校時代」「中学校時代」「高校時代」「浪人時代」「大学時代」「大学院時代」の6つの時期に、「どの学校に属していたのか？」「学校以外も含めてどの組織に属していて、どんな役割を担っていたのか？」について事実を列挙していきます。

　その上で、自分が属していた組織ごとに「いったい自分はここでどんな

■ 小学校〜大学・大学院の成長をすべて「見える化」しよう

時代	所属学校	所属組織・役割		成長ポイント	成長インパクト
小学校	■○○小学校	[学校]■○○小学校 [習い事]■サッカーチーム	- MF	■ - - - - - - - - - - - -	■中 ■中
中学	■○○中学校	[学校]■○○中学校 [部活]■サッカー部	- 主将・MF	■ - - - - - - - - - - - -	■小 ■大
高校	■○○高校	[学校]■○○高校 [部活]■サッカー部 [塾]■XX塾	- 主将・MF 進学クラス	■ - - - - - - - - - - - -	■中 ■中 ■小
（浪人）	■○○予備校	[予備校]■XX予備校	難関私大コース	■ - - - - - - - - - - - -	■特大
大学/学部	■○○大学/XX学部	[学校]■○○大学 [サークル]■フットサル [アルバイト]■イベント運営	- 部長 バイトリーダー	■ - - - - - - - - - - - -	■中 ■大 ■特大
大学院/研究室	■○○大学院/XX研究科XX研究室	[学校]■○○大学院 [アルバイト]■○○塾 塾講師	- 物理担当	■ - - - - - - - - - - - -	■中 ■中

成長をしたと言えるかな？」と思いを巡らせてみてください。その答えを「成長ポイント」に記入します。そして最後は「成長ポイント」を見ながら、6つの時期ごとに成長のインパクトを考えていきます。成長のインパクトは「特大」「大」「中」「小」の4つから選択します。

　次に右下の図のように全プロジェクトの中で特にインパクトが大きいもの（成長インパクト「特大」「大」）に絞って、「成長ポイントの深掘り」をしていきます。まずは、成長ポイントごとのビフォー・アフターを明確化します。つまり、どんな状態（ビフォー）からどんな状態（アフター）になったことを、自分は成長と呼んでいるのかを見える化します。そして、ビフォーとアフターの間に、自分はどんな努力や工夫をしてきたかを振り返り、まとめていきます。この、自分ならではの努力や工夫を、きっちりと言語化しておくことが非常に重要です。

> 自分の言葉で説明できるかチェック

☐ 左下の図を見ながら、「『成長見える化シート』で今までの成長をすべて『見える化』する流れ」について説明できる？
☐ 右下の図を見ながら、「『成長見える化シート』で成長インパクトが大きいものを深掘りする流れ」について説明できる？

■ 特にインパクトが大きい成長（特大・大）を深掘りしよう

Chapter 2
4-4

STEP ❸：自己分析「過去〜現在の振り返り」
「成長見える化シート」の 作り方①

　それでは、実際に「成長見える化シート」の作り方について、順を追って解説していきます。ここでは、まず小学校時代〜現在までを振り返って「所属学校（予備校含む）」と「所属組織・役割」について記入していくプロセスを見ていきます。

　まずは、「所属学校（予備校含む）」からです。**「所属していた小学校はどこか？」「所属していた中学校はどこか？」「所属していた高校はどこか？」「（浪人経験がある場合は）所属していた予備校はどこか？」「現在所属している大学はどこか？（大学院はどこか？）」の質問に答える形で、上から順に記入していきます。**転校している場合や、留学している場合には、2つ以上の所属学校を記入するようにしてください。大学では学部・学科や所属ゼミ・研究室まで、大学院では所属研究室まで記入するようにしてください。

　次に、「所属組織・役割」に移ります。まずは、「所属学校」で記入した部分をそのままスライドさせて、「所属組織・役割」のカテゴリー名が「学校」の部分に記入します。そして、**小学校時代から順に現在まで、「他にも、この時期に所属していた組織はないか？」「その組織で自分はどんな役割を担っていたか？」の質問に答え、学校以外の項目を充実させていきます。**

■ 小学校〜大学・大学院の「所属学校（予備校）」を書こう

時代	所属学校	所属組織・役割	成長ポイント	成長インパクト
小学校	■○○小学校			
中学	■○○中学校			
高校	■○○高校			
（浪人）	■○○予備校			
大学/学部	■○○大学/XX学部			
大学院/研究室	■○○大学院/XX研究科XX研究室			

例えば小学校時代に習い事をしていた人は「習い事」としてスポーツや文化教室の内容を記入するイメージです。役割は、例えばスポーツでキャプテンをしていたならキャプテン、ポジションを任されていたならポジション名を記入するようなイメージですが、難しければ無理に記入する必要はありません。また、カテゴリーは以下を活用してください。

- 小学校時代：学校、部活、生徒会、塾、習い事、その他
- 中学校・高校時代：学校、部活、生徒会、塾・予備校、習い事、アルバイト、その他
- 大学・大学院時代：学校、部活、サークル、アルバイト、習い事、その他

「学校と部活や生徒会は同じカテゴリーではないか？」という質問がありますが、ここでは別々に扱います。学校は学校生活全般に、部活は部活に、生徒会は生徒会に焦点を当てるイメージです。

(自分の言葉で説明できるかチェック)

- □ 左下の図を見ながら、「『成長見える化シート』の『所属学校（予備校）』の書き方」について説明できる？
- □ 右下の図を見ながら、「『成長見える化シート』の『所属組織・役割』の書き方」について説明できる？

■「所属組織・役割」を書こう

時代	所属学校	所属組織・役割		成長ポイント	成長インパクト
小学校	■○○小学校	学校 ■ ○○小学校 習い事 ■ サッカーチーム	- MF		
中学	■○○中学校	学校 ■ ○○中学校 部活 ■ サッカー部	- 主将・MF		
高校	■○○高校	学校 ■ ○○高校 部活 ■ サッカー部 塾 ■ XX塾	- 主将・MF 進学クラス		
（浪人）	■○○予備校	予備校 ■ ○○予備校	難関私大コース		
大学／学部	■○○大学／XX学部	学校 ■ ○○大学 サークル ■ フットサル アルバイト ■ イベント運営	- 部長 バイトリーダー		
大学院／研究室	■○○大学院／XX研究科XX研究室	学校 ■ ○○大学院 アルバイト ■ ○○塾 塾講師	- 物理担当		

STEP ❸：自己分析「過去〜現在の振り返り」
「成長見える化シート」の作り方②

「所属学校」と「所属組織・役割」がファクトベースで整理できたら、次は「所属組織・役割」ごとの「成長ポイント」を明確化し、その成長がどの程度自分の人生に影響を与えたのか（＝成長インパクト）を整理していきます。ここでは「成長ポイント」の記入の仕方と「成長インパクト」の設定方法について解説していきます。

まずは、「成長ポイント」からです。「成長ポイント」は一言で言うと「**その時期にその組織（その役割）で、要約すると自分は一番どんな成長をしたと言えるか？**」という質問に端的に答えるものです。

例えば、高校受験の塾で相当頑張って結果を出した経験がある場合、「成長ポイント」は「塾で勉強を頑張って中３初期時点の学力より偏差値が10以上高い〇〇高校の合格を実現したこと」などになります。

時期や所属組織・役割にもよりますが、一般的には「**できなかったことができるようになったこと**」「**成果・実績を出したこと**」「**人よりも努力ができたこと**」「**失敗から学んだこと**」「**挫折を乗り越えたこと**」「**人間的な魅力が増したこと**」「**周囲の人からすごいと言われたこと**」などが「成長ポイント」に該当する出来事になると考えてください。

次は、「成長インパクト」についてです。「**成長インパクト**」は、「特大」

■「所属組織・役割」ごとの「成長ポイント」をまとめよう

時代	所属学校	所属組織・役割			成長ポイント	成長インパクト
小学校	■〇〇小学校	学校 ■〇〇小学校	-		■コミュニケーション力の向上	
		習い事 ■サッカーチーム	MF			
中学	■〇〇中学校	学校 ■〇〇中学校	-		■	
		部活 ■サッカー部	主将・MF			
高校	■〇〇高校	学校 ■〇〇高校	-		■	
		部活 ■サッカー部	主将・MF		■	
		塾 ■XX塾	進学クラス			
（浪人）	■〇〇予備校	予備校 ■〇〇予備校	難関私大コース		■	
大学／学部	■〇〇大学／XX学部	学校 ■〇〇大学	-		■	
		サークル ■フットサル	部長			
		アルバイト ■イベント運営	バイトリーダー		■	
大学院／研究室	■〇〇大学院／XX研究科XX研究室	学校 ■〇〇大学院	-		■	
		アルバイト ■塾 塾講師	物理担当			

「大」「中」「小」の４段階で自分の主観で設定します。「現在の自分の形成につながっている成長は、どの成長ポイントかな？」と自問自答し、４段階中どれに該当するか考えてみてください。

　１つルールとして挙げるならば、「特大」と「大」に関しては、**各時代区分で１つずつしか設定しないようにしてください**。つまり、「小学校時代」で「特大」は１つまで、「大」も１つまで、「中学校時代」でも「特大」は１つまで、「大」も１つまで……という具合です。

　この後、「成長インパクト」が「特大」「大」のものだけに絞ってさらに掘り下げて成長内容を可視化していきますので、「**自分のこれまでの人生を語る上で、この成長経験は無視できない**」というものを「特大」や「大」に設定してもらえたらと思います。

自分の言葉で説明できるかチェック

- □ 左下の図を見ながら、「『成長見える化シート』の『成長ポイント』の書き方」について説明できる？
- □ 右下の図を見ながら、「『成長見える化シート』の『成長インパクト』の書き方」について説明できる？

■「成長のインパクト」を、特大・大・中・小に分類しよう

時代	所属学校	所属組織・役割		成長ポイント	成長インパクト
小学校	■○○小学校	学校 ■○○小学校 習い事 ■サッカーチーム	- MF	■コミュニケーション力の向上	■中 ■中
中学	■○○中学校	学校 ■○○中学校 部活 ■サッカー部	- 主将・MF	■--------- ■---------	■小 ■大
高校	■○○高校	学校 ■○○高校 部活 ■サッカー部 塾 ■XX塾	- 主将・MF 進学クラス	■--------- ■--------- ■---------	■中 ■中 ■小
（浪人）	■○○予備校	予備校 ■○○予備校	難関私大コース	■---------	■特大
大学／学部	■○○大学/XX学部	学校 ■○○大学 サークル ■フットサル アルバイト ■イベント運営	- 部長 バイトリーダー	■--------- ■--------- ■---------	■中 ■大 ■特大
大学院／研究室	■○○大学院/XX研究科 XX研究室	学校 ■○○大学院 アルバイト ■○○塾 塾講師	- 物理担当	■--------- ■---------	■中 ■中

STEP ❸：自己分析「過去〜現在の振り返り」
「成長見える化シート」の作り方③

　「成長ポイント」と「成長インパクト」が整理できたら、次は、「成長インパクト」が「特大」または「大」の部分だけを抜粋して、「成長ポイントの深掘り」をしていきます。ここでは「成長ポイントの深掘り」の方法を「ビフォー・アフター」と「自分ならではの努力や工夫」の2つに分けて解説していきます。

　まず「ビフォー・アフター」から見ていきましょう。一般的に成長には「能力的・技術的成長」と「精神的成長」があると言われますが、両方とも「過去の状態よりも現在の状態がより良くなっている」ことだと言えるのではないでしょうか。この「ビフォー・アフター」の項目では、自分が掲げた「成長ポイント」を要素分解してみて、「過去はどんな状態だった（ビフォー）」のが、「その後はどんなより良い状態になったか（アフター）」を明らかにしていきましょう。

　例えば「中学校のバレー部でキャプテンとして部員をまとめ上げ、市の大会でベスト8まで導いた」という中学時代の部活の「成長ポイント」の場合、ビフォーは「自分がキャプテンをやる以前は、個々の能力は高いがまとまりのないチームで、市大会では3回戦までの敗退が続いていた」とし、アフターは「自分がキャプテンを務め、チームワークが出て、最高ベ

■ 成長インパクトが特大・大のビフォー・アフターを明確化しよう

時代	所属組織・役割	成長ポイント	成長インパクト	成長ポイントの深掘り		
				ビフォー	アフター	自分ならではの努力や工夫
中学	部活 ■サッカー部 （主将・MF）	■ -------	■大	-------	-------	-------
（浪人）	予備校 ○○予備校 （難関私大コース）	■ -------	■特大	-------	-------	-------
大学／学部	サークル ■フットサル （部長）	■ -------	■大	-------	-------	-------
	アルバイト ■イベント運営 （バイトリーダー）	■ -------	■特大	-------	-------	-------

スト8まで行けるようになった」というようにまとめられます。

　次に、「自分ならではの努力や工夫」について見ていきます。**「自分ならではの工夫や努力」を考える時にとても大事なのは、当時の自分の気持ち（感情）の変化、意識の変化、思考の変化、行動の変化を、当時の自分になり切って分析してみることです。**

「『ビフォー・アフター』の間で自分はどんな気持ちで何に注力して毎日を過ごしたのか？」「なぜビフォーからアフターに変えることができたのか？」「ターニングポイントはどこだったのか？」などを客観的に振り返り要因分析をすることです。その際に、「どこが自分らしいと言えるのか？（他の人ではやらなさそうだと言えるのか？）」にも注目して考えてみてください。自分ではあたりまえにできていたことの中にも、他人からすると「すごい」と思えることが潜んでいる場合があるので、できるだけ客観的に見つめ直すように心掛けてください。

自分の言葉で説明できるかチェック

- [ ] 左下の図を見ながら、「『成長見える化シート』の『ビフォー・アフター』の書き方」について説明できる？
- [ ] 右下の図を見ながら、「『成長見える化シート』の『自分ならではの努力や工夫』の書き方」について説明できる？

■ その期間の「自分ならではの努力や工夫」を明確化しよう

時代	所属組織・役割	成長ポイント	成長インパクト	成長ポイントの深掘り		
				ビフォー	アフター	自分ならではの努力や工夫
中学	**部活** ■ サッカー部（主将・MF）	■ -------- --------	■ 大	--------	--------	
（浪人）	**予備校** ■ ○○予備校（難関私大コース）	■ -------- --------	■ 特大	--------	--------	
大学／学部	**サークル** ■ フットサル（部長）	■ -------- --------	■ 大	--------	--------	
	アルバイト ■ イベント運営（バイトリーダー）	■ -------- --------	■ 特大	--------	--------	

STEP ❹：自己分析「自分の特徴の明確化」
「強み」と「弱み」を５つずつ

ここでは自分自身の強みと弱みを５つずつ出し、「自分の特徴シート」として整理していく方法について解説します。

強みも弱みも、まずは数を出せるだけ出してみて、最終的に５つずつにまとめ上げることをおすすめします。まず、発散フェーズとして「成長見える化シート」も参考にしながら、１人でブレインストーミングをするつもりで、頭で思いつくものをすべて書き出していってください。ブレストなので、思いついたものはとにかく片っ端から列挙することが大切です。

次に収束フェーズとして、「最終的に強みと弱みを、それぞれ５つに絞るとしたら、どれを優先するか、どの要素とどの要素を組み合わせるか、どんな言葉で表現していくか」に留意しながら、５つに集約していってください。

ここで、１つ大事なアドバイスをします。**強みでも弱みでも、最終的には左下の図のように「抽象的な言葉を２段階で具体的にしていく」という テクニックを活用してください。**○○な力という抽象的な表現に対して、第１段階では「もう少し具体的に言うと、どんな○○の力？」とツッコミを入れブラッシュアップします。そして、第２段階では「その力は、どんなシーンやシチュエーションで発揮される？」とツッコミを入れてさらに

■ これが強み・弱みの「魅力的な見出し」の作り方だ

		「強み」の例	「弱み」の例
	抽象的（原型）	責任感の強さ	自己主張の強さ
「もう少し具体的に言うとどんな○○の力？」	具体的（第1段階）	最後までやり抜く責任感の強さ	人の意見に自分の意見をかぶせてしまう自己主張の強さ
「その力はどんなシーンやシチュエーションで発揮される？」	具体的（第2段階）	計画通りに行かない時でも、一度コミットしたことは最後までやり抜く責任感の強さ	自分の意見に自信があればあるほど、自分の意見を押し通そうとする自己主張の強さ

具体的にしていきます。こうして、**抽象的なありふれた強み（弱み）を2段階で具体的にして、自分ならではの強み（弱み）に昇華していくことが重要です。**

また、**5つの強みや弱みは右下の図のように、「見出し」と「説明文」と「具体例」をセットにして整理しておくことをおすすめします。**「見出し」には、先ほどの「抽象的な言葉を2段階で具体的にしたもの」を使います。「説明文」は、「見出し」の内容を100字〜200字程度で論理的に補足説明したものを準備してください。そして「具体例」では、その強み（弱み）が発露した例をいくつか簡潔にまとめておいてください。

この**「見出し」「説明文」「具体例」の3点セットで整理しておくメリットは、「見出し」→「説明文」→「具体例」の順で話せば、"結論ファースト"で構造的に整理された情報を相手に伝えられるということです。**ESや面接で絶大な威力を発揮するので、必ずこの3点をセットでまとめるようにしてください。

┌─ 自分の言葉で説明できるかチェック ─

□ 左下の図を見ながら、「強み・弱みの『魅力的な見出し』の作り方」について説明できる？

□ 右下の図を見ながら、「強み・弱みを『見出し』『説明文』『具体例』でまとめること」について説明できる？

■ 強み・弱みは「見出し」と「説明文」と「具体例」を準備

	「強み」の例	「弱み」の例
見出し	興味関心が薄い聴衆でもグッと惹きつけることができる1対多のプレゼン力	自分の意見に自信があればあるほど、自分の意見を押し通そうとする自己主張の強さ
説明文 （200字 以内）	自分が話すテーマに興味・関心が薄い聴衆に対して、「相手が面白いと感じるポイントは何か？」を常に意識して、聴衆の共感を得るプレゼンテーションをすることができる。1対数名〜1対数十名でその力を発揮でき、プレゼン後「もっと突っ込んだ話を聞かせてほしい」と言われることが多い。	チームでアイデアや意見を出し合う際に、自分になじみのあるトピックスで自分のアイデアでやればうまくいくことが見えている場合に、盲目的に他のメンバーの意見よりも自分の意見が優れていると思ってしまい、自分の意見を貫き通そうとしてしまう。これに対して、改善したいという思いが強く、自信がある時ほど謙虚であろうと意識している。
具体例 （どんな時？）	■ 集団塾での数学の指導 ■ 学園祭実行委員会での全体プレゼン	■ 就活のグループディスカッション ■ ゼミやサークルなどでの方針決定協議

STEP ❹：自己分析「自分の特徴の明確化」
「強み」と「弱み」の アピール方法

　ここでは「見出し」「説明文」「具体例」の3点セットの形で、「自分の特徴シート」として整理した自分自身の強みと弱み（5つずつ）を、志望企業の選考でどのように伝えていくべきかについて解説していきます。

　結論から言うと、5つの強み（弱み）をすべて志望企業の選考で伝える必要はありません。むしろ**大切なのは、5つの強み（弱み）のうち、どの企業に、どの強み（弱み）を伝えていくべきなのかを冷静に見極めること**です。

　企業の採用担当者が気にしていることは、実はとてもシンプルです。それは「あなたが入社して仕事をしていく中で、あなたの持っている強みで自社で再現性があると言えるものはどれですか？　また、あなたが現在、弱みと認識していることの中で、克服していきたいものはどれですか？」ということです。就活生のみなさんは、この質問にダイレクトに回答することが求められているのです。

　後の企業分析のパートも活用しながら、以下の4つのポイントを押さえて「再現性のある強みをアピール」し、「弱みとその改善方法を伝える」ようにしてください。

❶企業分析結果に基づいて、自分自身の5つの強みのうち、どの強みに

■ 整理した5つの要素は全部使わなくてもいい!?

	強み			弱み			
1	見出し	説明文（200字以内）	具体例（どんな時?）	見出し	説明文（200字以内）	具体例（どんな時?）	企業分析の結果
2	見出し	説明文（200字以内）	具体例（どんな時?）	見出し	説明文（200字以内）	具体例（どんな時?）	
3	見出し	説明文（200字以内）	具体例（どんな時?）	見出し	説明文（200字以内）	具体例（どんな時?）	
4	見出し	説明文（200字以内）	具体例（どんな時?）	見出し	説明文（200字以内）	具体例（どんな時?）	
5	見出し	説明文（200字以内）	具体例（どんな時?）	見出し	説明文（200字以内）	具体例（どんな時?）	

企業分析結果に基づいて、企業ごとに伝えるべきものを取捨選択

フォーカスしてアピールするかを決める。

❷アピールすると決めた強みに関しては、入社後どんな仕事をしている時にどう再現できるのかまで含めて、リアリティのある主張をする（その意味で「1年目の仕事内容」を把握しておくのは非常に重要）。

❸企業分析結果に基づいて、自分自身の5つの弱みのうち、どの弱みにフォーカスして開示するかを決める。

❹開示すると決めた弱みに関しては、今、改善のためにどんな努力をしているか、入社後、仕事をしながらさらにどんな努力をして改善を続けていくつもりかを伝える。

　就職活動は、付き合うまでの恋愛や婚活に似ていますが、本質的に重要なのは「相手が求めていること、相手が知りたいことをピンポイントに伝えていく」ということです。

　自分自身の強みや弱みに関しても、求められていないのにすべての企業に同じ内容を同じように伝えていく必要はありません。この点に十分留意して、選考に臨むようにしてください。

自分の言葉で説明できるかチェック

□ 左下の図を見ながら、「整理した自分の強み・弱みは全部伝えなくてもいい理由」について説明できる？
□ 右下の図を見ながら、「その企業でその仕事をする時の『強みの再現性』の主張の大事さ」について説明できる？

■ その企業でその仕事をする時の「強みの再現性」を主張しよう

 再現性までは伝えない

 再現性まで伝える

御社で活かせる私の強みは○○です。
具体的には……（強みの説明）。
以上です!!

御社で活かせる私の強みは○○です。
具体的には……（強みの説明）。
御社で働いている私を想像すると、
△△のかたちでこの強みが再現されると考えています。

STEP ❹：自己分析「自分の特徴の明確化」
「人間性・性格」を5つ

　ここでは、自分自身の特徴的な人間性・性格を5つ出し、「自分の特徴シート」として整理していく方法について解説します。

　人間性・性格についても、まずは数を出せるだけ出してみて、最終的に5つずつにまとめ上げることをおすすめします。まず、発散フェーズとして「成長見える化シート」や「自分の周りの人の意見（親しい人からよく言われること）」も参考にしながら、一人でブレインストーミング（ブレスト）をするつもりで、頭で思いつくものをすべて書き出していってください。ブレストなので、思いついたものはとにかく片っ端から列挙することが大切です。次に収束フェーズとして、「最終的に5つに絞るとしたら、どれを優先するか、どの要素とどの要素を組み合わせるか、どんな言葉で表現していくか」に留意しながら5つに集約をしていってください。

　ここで、1つ大事なアドバイスをします。**人間性・性格についても、最終的には左下の図のように「抽象的な言葉を2段階で具体的にしていく」**というテクニックを活用してください。○○な性格という抽象的な表現に対して、第1段階では「もう少し具体的に言うとどんな○○な性格？」とツッコミを入れブラッシュアップします。そして第2段階では「その性格はどんなシーンやシチュエーションで発揮される？」とツッコミを入れて、

■ これが人間性・性格の「魅力的な見出し」の作り方だ

		例1	例2
	抽象的 （原型）	頼られやすい人間	負けず嫌いな人間
「もう少し具体的に言うとどんな○○？」	具体的 （第1段階）	自分の周囲の人が悩んだ時に頼られやすい人間	勝負事に関して負けず嫌いな人間
「その性格はどんなシーンやシチュエーションで発揮される？」	具体的 （第2段階）	自分の周囲の人が悩んだ時に真っ先に自分を頼って相談してくれることが多い第一相談者	自分の自信の有無にかかわらず、成果で判断されるときに絶対に人に負けたくない人間

さらに具体的にしていきます。こうして、最初は抽象的でありふれていた人間性・性格を、2段階で具体的にして、自分ならではの人間性・性格に昇華していくことが重要です。

　また、**5つの特徴的な人間性・性格は右下の図のように「見出し」と「説明文」と「具体例」をセットにして整理しておくこと**をおすすめします。「見出し」では、先ほどの「抽象的な言葉を2段階で具体的にしたもの」を使います。「説明文」は「見出し」の内容を100字〜200字程度で論理的に補足説明したものを準備してください。そして「具体例」では、その人間性・性格が発露した例をいくつか簡潔にまとめておいてください。

　この「見出し」「説明文」「具体例」の3点セットで整理しておくメリットは、「見出し」→「説明文」→「具体例」の順で話せば、"結論ファースト"で構造的に整理された情報を相手に伝えられることです。ESや面接で絶大な威力を発揮するので、必ずこの3点をセットでまとめるようにしてください。

自分の言葉で説明できるかチェック

- ☐ 左下の図を見ながら、「自分の人間性・性格の『魅力的な見出し』の作り方」について説明できる？
- ☐ 右下の図を見ながら、「人間性・性格を『見出し』『説明文』『具体例』でまとめること」について説明できる？

■ 人間性・性格は「見出し」と「説明文」と「具体例」を準備

	人間性・性格
見出し	自分の自信の有無にかかわらず、成果で判断されるときに絶対に他人に負けたくない人間
説明文 （200字以内）	競争が好きで、目標達成意欲が非常に高い人間。とにかく成果で勝負するシーンでは「どうやって勝ち切るか」ということを常に考える性格で、周囲のライバルに負けることは自分にとって許せない。ライバルと競争しながら、目標達成していくのは自分にとても合っている。
具体例 （どんな時？）	■ 家電量販店のアルバイトでの営業成績競争 ■ 塾の生徒からの人気投票

Chapter 2
5-4

STEP ❹：自己分析「自分の特徴の明確化」
「人間性・性格」の
アピール方法

　ここでは「見出し」「説明文」「具体例」の3点セットの形で「自分の特徴シート」として整理した自分自身の人間性・性格（5つずつ）を、志望企業の選考でどのように伝えていくべきかについて解説していきます。

　結論から言うと、5つの人間性・性格をすべて志望企業の選考で伝える必要はありません。むしろ**大切なのは、5つの人間性・性格のうち、どの企業に、どの人間性・性格を伝えていくべきなのかを冷静に見極めること**です。

　企業の採用担当者が人間性・性格で気にしていることは、実はとてもシンプルです。それは「あなたが自社に入社して仕事をしていく中で、あなたの特徴的な人間性・性格の中で業務上プラスになると考えられるものはどれですか？　それはなぜですか？」ということです。つまり、この質問にダイレクトに回答することが求められているのです。

　後の企業分析のパートも活用しながら、以下の2つのポイントを押さえて「仕事上プラスになると考えられる人間性・性格」をアピールしていってください。

❶企業分析結果に基づいて、自分自身の5つの人間性・性格のうち、どの人間性・性格にフォーカスしてアピールするかを決める。

■ 整理した5つの要素は全部使わなくてもいい!?

	人間性・性格		
1	見出し	説明文（200字以内）	具体例（どんな時?）
2	見出し	説明文（200字以内）	具体例（どんな時?）
3	見出し	説明文（200字以内）	具体例（どんな時?）
4	見出し	説明文（200字以内）	具体例（どんな時?）
5	見出し	説明文（200字以内）	具体例（どんな時?）

企業分析の結果

企業分析結果に基づいて、企業ごとに最適なものを取捨選択

❷アピールすると決めた人間性・性格に関しては、入社後どんな仕事をしている時にどう活きてくるのかまで含めてリアリティのある主張をする（その意味で、1年目の仕事内容を把握するのは非常に重要）。

　就職活動は、付き合うまでの恋愛や婚活に似ていると言いましたが、**本質的に重要なのは「相手が求めていること、相手が知りたいことをピンポイントに伝えていく」ということです。**

　自分自身の人間性・性格に関しても、求められていないのにすべての企業に同じ内容を同じように伝えていく必要はありません。また、人間性・性格については、強みや弱みほどは頻繁に企業の選考で問われないかもしれません。その意味では、強みや弱みの整理よりは優先順位は落ちるかもしれませんが、いざという時のために強みや弱みと同じレベルで入念に準備しておくことをおすすめします。

自分の言葉で説明できるかチェック

- ☐ 左下の図を見ながら、「整理した自分の人間性・性格は全部伝えなくてもいい理由」について説明できる？
- ☐ 右下の図を見ながら、「その企業でその仕事をする時の『性格適正』の主張の大事さ」について説明できる？

■ その企業でその仕事をする時の「性格適性」を主張しよう

 自分の性格が
どう活きるかまで伝えない

 自分の性格が
どう活きるかまで伝える

私は○○な人間です。
具体的には…（性格の説明）。
以上です!!

私は○○な人間です。
具体的には……（性格の説明）。
御社で働いている私を想像すると、
△△のかたちでこの性格がフィット
すると考えています。

STEP ❺：自己分析「就活戦略の策定」

「キャリア戦略マップ」とは？

　いよいよ「自己分析」の仕上げに入ります。ここでは本書オリジナルの「キャリア戦略マップ」について解説していきます。

　本書では、「新卒のキャリアは逆算で考えるべき」というスタンスをとっています。

　左下の図を見てください。もし新卒のキャリアを「積み上げ」で考えたらどうなるでしょうか？　「積み上げ」で考えるとは、つまり、就活生時代に何となく興味があって納得できる就職先を見つけて、その先のキャリアは就職した後で順次考えていけば良いという考え方です。この考え方が間違っているというわけではありませんが、「積み上げ」で考えると将来のキャリアのブレ幅が大きくなりすぎるので、私は推奨しません。

　これに対して「逆算」で考えるとどうでしょうか？「逆算」で考えるとは、つまり、就活生時代に将来どうなっていたいかという理想の状態を仮決定して、それに向かって突き進めそうな就職先（ファーストキャリア）を選び、就職してからも常に理想の状態に近づいているかを確認しながら仕事をしていくという考え方です。「逆算」で新卒のキャリアを考えることで、企業に志望動機を伝える時にも説得力が増しますし、内定後入社する企業を決める時にも意思決定がしやすくなります。

■キャリアを逆算で考えるべき理由

✕　現状から積み上げで考える
「積み上げ」型思考

〇　理想から逆算で考える
「逆算」型思考

　今だけを重視し「点」で就活するのが「積み上げ」型思考、今と将来の結びつきを重視し、「線」で就活するのが「逆算」型思考です。

　次に右下の図を見てください。**本書オリジナルの「キャリア戦略マップ」は、将来の理想の状態を定義して、その状態に向かっていいスタートが切れそうな企業をファーストキャリアで選定できるように考えて作られています。**

「キャリア戦略マップ」は左側の理想の状態を定義する部分（将来ビジョンの決定）と、右側の理想の状態に向かっていいスタートが切れそうな企業を選定する部分（業界・職種の絞り込みと企業選定）に分かれています。まずは左側の「将来ビジョンの決定」と右側の「業界・職種の絞り込みと企業選定」について、次ページ以降で詳細に解説していきます。それぞれ、ポイントは何なのかを意識しながら読み進めてください。

自分の言葉で説明できるかチェック

☐ 左下の図を見ながら、「キャリアを逆算で考えるべき理由」について説明できる？

☐ 右下の図を見ながら、「『キャリア戦略マップ』の概要」について説明できる？

■ これが「キャリア戦略マップ」だ

Chapter 2
6-2

STEP ❺：自己分析「就活戦略の策定」

「キャリア戦略マップ」①
将来ビジョンの決定

　ここでは「キャリア戦略マップ」の左側にあたる「将来ビジョンの決定」
について解説していきます。本書では「逆算で新卒のキャリアを考える」
ことを推奨していますので、「将来ビジョンの決定」は「逆算」で考える
ための非常に重要なパートと言えます。

　「将来ビジョン」とは何のことでしょうか？　答えは非常にシンプルです。
**「将来ビジョン」とは「自分が仕事を通じて何年でどんな姿を目指してい
くか」を定義することです。**

●目指したい姿

　自分のキャリアの1つのゴールとして、どんな姿を目指したいか？

●実現スピード

　その姿を何年くらいかけて目指していきたいか？

　（5年？　10年？　15年？　20年？　25年？）

　上記の2つの質問にそれぞれ答えることで、将来ビジョンが決まりま
す。

　目指したい姿は与えられた選択肢から近いものを選べばOKですし、実
現スピードは5年、10年、15年、20年、25年の5つの選択肢から選べば
いいので簡単です。

■将来ビジョンは「目指したい姿」と「実現スピード」で決める

① 将来ビジョンの決定	② 業界・職種の絞り込み
「15年」で「事業責任者」になる	業界 X　　　職種 Y

① 将来ビジョンの決定

仕事力

☆

『目指したい姿』

『事業責任者』

新卒入社　　　　　　　　　　　　　　　　　　　時間
（22歳）　[　　15年間　　]　（37歳）　　（50歳）
[　　]万円　　　　　　　[　　]万円　　　[　　]万円

② 業界・職種の絞り込み

業界1	業界2	職種1	職種2
業界名	業界名	職種名	職種名
			5社
			10社

目指したい姿と実現スピードが決まったら、次は右下の図にあるように、自分の年齢を下に入れます。「入社時の年齢」と「目指したい姿の実現時の年齢」を記入しましょう。そして「入社時の希望年収」と「目指したい姿の実現時の希望年収」を入れれば「将来ビジョン」はほぼ完成です。希望年収に関しては、入社時も目指したい姿の実現時も、遠慮せずに本当に自分が稼ぎたい年収を入れましょう。特にこだわりが強くない場合やイメージが湧かない場合は空欄にしておいても大丈夫です。

「将来ビジョン」の決定のポイントは、「将来変わるかもしれない前提でいいので、現時点の自分が考えるベストのイメージを仮決定する」ということです。将来変わるなら、決める必要がないのではと考える人がいるかもしれませんが、それは違います。就活において、常に「現時点のマイベスト」を決めるということには非常に大きな意味があります。「決める」クセがある人と「決める」クセがない人では結果に大きな差が出ます。そのことを念頭において、読者のみなさんには、仮でもいいので、常に「決める」ことを意識してほしいと強く思います。

自分の言葉で説明できるかチェック

□ 左下の図を見ながら、「『目指したい姿』と『実現スピード』で将来ビジョンを決める手順」について説明できる？
□ 右下の図を見ながら、「新卒入社時点と、『目指したい姿』の実現時点の希望年収を決める手順」について説明できる？

■ 新卒入社時点と、「目指したい姿」の実現時点の希望年収を決める

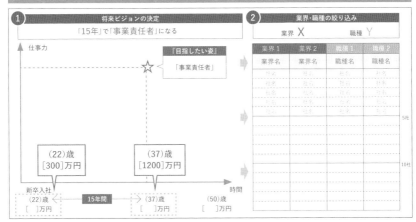

STEP ❺：自己分析「就活戦略の策定」
「キャリア戦略マップ」②
業界・職種の絞り込み

　ここでは、「キャリア戦略マップ」の右側にあたる「業界・職種の絞り込み」について解説していきます。まずは「業界・職種を絞り込む必要性」を解説し、次に「業界・職種の絞り込みの型」について述べていきます。

　みなさんに質問です。**なぜ、業界や職種を絞り込んで就活をしたほうがいいと言い切れるのでしょうか？**　答えは「**業界や職種を絞り込んで就活を進めたほうがランダムに動くよりも有意義な企業間比較ができ、志望動機も作り込めるから**」です。

　左下の図を見てください。仮に業界や職種を絞り込まずにランダムに動いて様々な企業を見続けた場合、企業間の有意義な比較がしにくく、もしいい企業が見つかった時にも同じ軸で比較できていないので志望動機を作るのが難しくなります。これに対して業界や職種を絞って動くと、同じ業界、同じ職種の企業を比較しながら分析できるので、いい企業が見つかった時にその分析結果を志望動機に反映させることができます。**確かに業界や職種の絞り込みには勇気がいりますが、絞り込んで動いたほうがいいのは間違いないと言えます。**

　みなさんに質問です。**業界や職種はどの程度まで絞り込めばいいのでしょうか？　また業界を見て職種は見なくてもいいでしょうか？**　逆に、

■ 業界や職種を絞り込まずに就活を続けるのは危険!?

企業を比較できない

IT業界　　　　　　　　食品業界

B社　　　　　自動車業界
　　　　　　　　　　　　　C社

不動産業界　　A社

E社　　　　　　　メーカー

　　　　　　　　　D社

↓

行動しても志望動機が
形成されにくい

企業を比較できる

IT業界	不動産業界	営業	マーケティング
a社 ◎	f社 ×	k社 ×	p社 △
b社 ○	g社 ◎	l社 ×	q社 △
c社 △	h社 ○	m社 ×	r社 ×
d社 ×	i社 ×	n社 ◎	s社 ◎
e社 △	j社 △	o社 ○	t社 ○

↓

行動するほど志望動機が
形成されやすい

職種を見て業界は見なくてもいいでしょうか？　答えは「業界だけを見ても、職種だけを見ても、その両方をバランスよく見てもいいが、合計4つ程度の業界数・職種数にまで絞り込んで見たほうが良い」です。

　そもそも就活は1年以内という限られた期間で企業の選考を突破し、内定を獲得していかなければならない、制約条件付きのゲームです。その中で自分のエネルギーを分散するよりも、ある程度集中して志望企業の選考対策に時間をかけたほうがいいのは、火を見るより明らかです。**本書では業界や職種は4つまでに限定して、それぞれ5社以上見ていくべきというスタンスをとっています**（この場合でも20社以上分析できることになります）。そして右下の図のように業界重視か、職種重視か、どちらも重視かによって、5パターンの型を推奨しています。

> 自分の言葉で説明できるかチェック
>
> ☐ 左下の図を見ながら、「業界や職種を絞り込まずに就活を続けるのは危険だという理由」について説明できる？
> ☐ 右下の図を見ながら、「『業界重視派』『どちらも重視派』『職種重視派』の3分類」について説明できる？

■ あなたは「業界重視派」？　「職種重視派」？　「どちらも重視派」？

業界重視	どちらも重視	職種重視
業界・職種の絞り込み 業界 4　職種 0	業界・職種の絞り込み 業界 2　職種 2	業界・職種の絞り込み 業界 0　職種 4
OR		OR
業界・職種の絞り込み 業界 3　職種 1		業界・職種の絞り込み 業界 1　職種 3

STEP ❺ : 自己分析「就活戦略の策定」

「将来ビジョン」の作り方①

　さて、ここからはより具体的な「将来ビジョン」の作り方について解説していきます。まずはあなたの「夢・人生の目標」について考えていきましょう。

　就活を進めていると、色んな社会人や先輩内定者に自分のキャリアについて相談する機会があると思います。その中で、「将来の夢や野望は？」とか「あなたが人生で実現したいことは？」と質問されることがあるかもしれません。中には、「就活中に夢や人生の目標が明確に定まっていないと問題だ」とか「夢やビジョンがないと就活を乗り切れないよ」と言われた人もいるのではないでしょうか？

　でも安心してください。**私は、大学時代・大学院時代はまだ実務経験が乏しいので、仮に明確な夢や人生の目標がなくても就活に悪影響はないし、全く気にしなくていいと就活生全員に伝えています。**あまり社会で働くイメージがついていないうちに無理やり夢を作り（夢の捏造）、自分の中でもしっくりきていない夢を就活で伝えても本質的には意味がないと考えるからです。

　ですので、**現時点で「夢・人生の目標」が思いつかない人は、ここは空欄でも構いません。**もし少しでも「こういうことがしてみたい」というイ

■ 大学生・大学院生時点では夢や人生の目標はなくてもいい⁉

学生のうちから夢をもて!!
夢や人生の目標が決まっていないのはダメだ。

また社会人経験もないから、人生の夢や目標を無理に定めなくていい。

メージがあれば、それを「夢・人生の目標」のところに書いてみましょう。例えば「自分が生まれ育った□□市の市長になって地方創生に貢献したい」とか、「民間人校長になって公立高校改革を実現したい」とか、「フェアトレードを推進するNPOで働いて発展途上国に貢献したい」とか、「エンジェル投資家になってスタートアップの支援をしてみたい」とか、「作家になって自分の経験を書籍にまとめていきたい」とか、**本当にできるかできないか実現可能性はさておき、今のあなたが将来取り組んでみたいと素直に思うことを書いてみてください。ポイントは、「□□になって〇〇に貢献する」というように、自分が夢を実現した結果、誰をハッピーにするかまで書くということです。**

　ぜひ、実現している姿をイメージした時に、心の底からワクワクするものを書いてみてください。もちろん、夢や人生の目標が複数ある人は複数記入しても構いません。

自分の言葉で説明できるかチェック

□ 左下の図を見ながら、「就活時には『明確な夢』や『明確な人生の目標』はなくてもいい理由」について説明できる？
□ 右下の図を見ながら、「『夢・人生の目標』が漠然としててもいい前提で書くときのポイント」について説明できる？

■ 将来変わっても、超漠然としていてもいい前提で描いてみよう

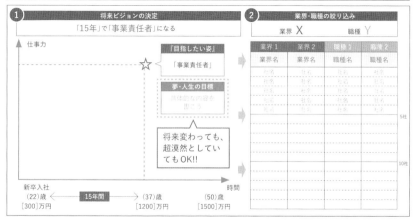

STEP ❺：自己分析「就活戦略の策定」
「将来ビジョン」の作り方②

　次は、あなたの「目指したい姿」と「実現スピード」について考えていきましょう。「将来ビジョン」の中核をなす部分ですので、自分の頭でしっかり考えて主体的に設定していくようにしてください。

　まず、「目指したい姿」については、右下の図の通り「経営者層」「マネージャー」「専門家」のうち、どれが自分の考えに一番近いかを考え、各カテゴリーの中で一番しっくりくるものを選んでみてください。もちろん、この中になければ、自分オリジナルで設定しても構いません。「経営者層」の選択肢は将来企業の経営者（代表取締役、取締役、執行役員）になったり、CXO（最高○○責任者）になったり、起業家になったりして企業経営をリードしていきたい人に向いています。また、「マネージャー」の選択肢は将来、事業部長や本部長、部長、次長、課長などのマネジメント職に就いて組織運営をリードしていきたい人に向いています。そして、ここが一番多いと思いますが、「専門家」は自分の専門領域を極めてプロフェッショナルとして働いていきたい人に向いています。いくつかの専門領域のプロフェッショナルになって、リンダ・グラットンの言う「連続スペシャリスト」を目指すのもいいでしょう。

　「目指したい姿」が定まったら、次はそれをどれくらいの期間で実現していくか（実現スピード）を決めていきます。実現スピードは５段階の中から自分の人生計画に照らし合わせて一番しっくりくるものを１つ選んでください。

- ●5年：20代後半に「目指したい姿」を実現したい人におすすめ
- ●10年：30代前半に「目指したい姿」を実現したい人におすすめ
- ●15年：30代後半に「目指したい姿」を実現したい人におすすめ
- ●20年：40代前半に「目指したい姿」を実現したい人におすすめ
- ●25年：40代後半に「目指したい姿」を実現したい人におすすめ

「目指したい姿」と「実現スピード」の設定には、正解・不正解はありません。自分自身が「私は現時点では□□年で○○を目指したいと考えています」と人に宣言した時に、違和感がないかを大切にしてください。自分

のことは自分が一番よくわかっていますので、今の自分が納得できる、今の自分にとってしっくりくる「将来ビジョン」を決定しましょう。

自分の言葉で説明できるかチェック

□ 右下の図を見ながら、「『経営層』『マネージャー』『専門家』からあなたの目指したい姿の考え方」について説明できる？

■目指したい姿は「経営層」？ 「マネージャー」？ 「専門家」？

経営層			
起業家（スタートアップの創業者）	事業会社経営者（大企業の社長・CEO）	事業会社経営陣（大企業の取締役・執行役員・CXO）	事業会社経営者（ベンチャー企業の社長・CEO）
事業会社経営陣（ベンチャー企業の取締役・執行役員・CXO）	コンサル会社経営者（日本代表）	コンサル会社経営陣（パートナー・マネージングディレクター・プリンシパル）	
投資銀行経営者（日本代表）	投資銀行経営陣（パートナー・マネージングディレクター・プリンシパル）	その他経営者・経営陣※具体的に	

マネージャー			
事業会社マネージャー（大企業の事業部長・部長）	事業会社マネージャー（大企業の次長・課長）	事業会社マネージャー（ベンチャー企業の事業部長・部長）	事業会社マネージャー（ベンチャー企業の次長・課長）
コンサル会社マネージャー（シニアマネージャー・マネージャー・プロジェクトリーダー）	投資銀行マネージャー（ヴァイスプレジデント）	ITプロジェクトマネージャー	その他マネージャー※具体的に

専門家					
連続スペシャリスト（専門分野複数）※具体的に	営業系	接客・販売系	デジタルマーケティング・デジタル広告宣伝系	その他マーケティング・その他広告宣伝系	広報系
CS・カスタマーサクセス系	経営戦略・経営企画・経営管理・IR系	M&A・投資・インキュベーション系	事業企画・事業開発系	サービス企画・商品企画系	
データアナリスト・データサイエンティスト系	DX推進・AI活用推進	情報システム・システム開発系※非技術者	IT技術系（SE・プログラマー等）	その他技術系（その他エンジニア）	R&D・研究開発系
製造・品質管理系	調査・シンクタンク系	人事系	総務系	法務系	経理・財務・会計系	ITクリエイター・ITデザイナー（UI・UX）系
その他クリエイター・デザイナー系	貿易系	グローバル業務系	コンサル系（シニアアソシエイト・アソシエイト・アナリスト）	投資銀行系（アソシエイト・アナリスト）	
公務員系	NPO系	その他専門系※具体的に			

STEP ❺：自己分析「就活戦略の策定」
「将来ビジョン」の作り方③

「目指したい姿」と「実現スピード」を決めれば、それだけで「将来ビジョン」の決定はほぼ完了と言えますが、ここでは、「目指したい姿」と「実現スピード」に加えて、「目指したい姿に到達するまでのプロセス」もイメージしておきたい人のために、その方法を解説します。特にプロセスにはこだわらない、あるいは、まだプロセスまで考えられないという人は無理に考える必要はありませんので、ここは読み飛ばしていただいても構いません。

　まず、入社後「どうしても取り組んでみたい仕事（職種）がある」という人は、リストからその仕事内容を選んで入力してください。もちろん、興味・関心に応じて複数選択しても構いません。

　例えば、「入社10年で大企業の営業部長を目指す」という将来ビジョンの就活生が「営業」と「マーケティング」は職種として経験しておきたいなと思えば、「営業」と「マーケティング」を選択して入力してください。また、「入社15年でベンチャー企業の社長を目指す」という将来ビジョンの就活生が「営業」と「人事」と「商品企画・サービス企画」を経験しておきたいなと思えば、「営業」「人事」「商品企画・サービス企画」を選択して入力してください。

■入社後～目指したい姿の実現時までに経験したい職種は？

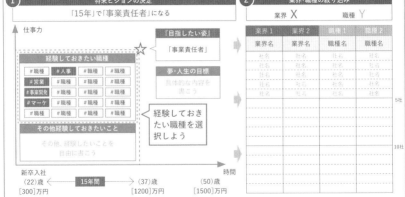

次に、経験してみたい職種以外に、「どうしても、こんなことがしてみたい」という漠然としたイメージがある人は、「その他経験してみたいこと」の欄にそのイメージを自由に入力してみてください。例えば、先ほど述べた「入社10年で大企業の営業部長を目指す」という将来ビジョンの就活生が、「マネージャーとしてチームで成果を出す経験をしたい」と思えば、「10名以上のメンバーを率いてチームで成果を出す経験」というように記入すればOKです。また、「入社15年でベンチャー企業の社長を目指す」という将来ビジョンの就活生が、「新規事業開発は絶対やりたい」と思えば、「何度か新規事業開発に携わり、失敗事例も成功事例も見る」などと書けばOKです。

「目指したい姿」と「実現スピード」と同様に、「実現までのプロセス」にも正解・不正解はありません。**就活生の時点で「目指したい姿に到達するまでのプロセス」に関して自分の中に強いこだわりがある人のみ、「実現までのプロセス」の欄に、そのこだわりを書くようにしてください。**

自分の言葉で説明できるかチェック

☐ 左下の図を見ながら、「入社後〜目指したい姿の実現時までに経験したい職種」について説明できる？
☐ 右下の図を見ながら、「入社後〜目指したい姿の実現時までにその他経験したいこと」について説明できる？

■ 入社後〜目指したい姿の実現時までにその他経験したいことは？

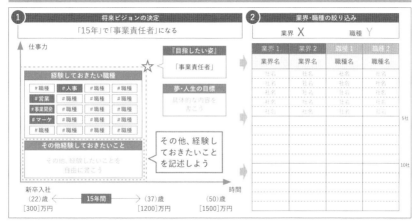

STEP ❺：自己分析「就活戦略の策定」
業界・職種の絞り込み方①

　さて、これから具体的な「業界・職種の絞り込み方」について解説して
いきますが、ここでは実際に絞り込みに入る前に、大切な2つのことを解
説しておきます。1つ目は「なぜ業界・職種を絞り込む時に怖いと感じる
のか？」ということ、2つ目は「業界も職種も後で選び直せるので、怖が
らずに絞り込んで大丈夫」ということです。

　まず、「業界・職種を絞り込む怖さはどこから来ているのか？」という
点についてですが、ズバリ「できるだけ数多くの企業を受けておかないと、
企業との出会いの機会損失が生じて、何かもったいない気がする」という
漠然とした不安から来ていると私は思います。

　この気持ちはわかりますが、何度も言うように就活は「限られた時間の
中で、自分にあった企業を見つけ、その選考に突破しなければならない
ゲーム」です。その中で重視されるのは、「効率性」と「差別化」です。「企
業との出会いの機会損失」を恐れ「網羅性」にこだわるあまり、「効率性」
が落ち、「差別化」ができなくなるのは本末転倒だと考えるべきです。断
言します。思い切ってできるだけ早期に業界・職種を絞り込んだほうが、
絶対に就活を有利に進められます。

　それでもなお「業界・職種を絞り込む怖さ」を拭い去れないという就活

■業界・職種を絞り込む怖さを克服しよう

✕ 網羅性を大事にするあまり
できるだけ多くの企業を見る

あの業界も、この業界も
あの職種も、この職種も
とにかくたくさん見ないと!!

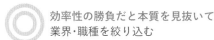

◎ 効率性の勝負だと本質を見抜いて
業界・職種を絞り込む

A業界に絞ろう！
営業に絞ろう！

生もいると思います。そこで、もう1つ別の観点から「絞り込んで大丈夫」という話をしたいと思います。**それは、「ファーストキャリアで選ばなかった業界や職種をセカンドキャリア、サードキャリアで選び直すことは十分可能だ」ということです。**

現在は転職が一般的な時代ですので、数年間1つの業界で働いて、その経験をもとに別の業界でのキャリアにチャレンジするのは特殊なことではありません。また、職種についても、ファーストキャリアで1つの職種にチャレンジし、その後、社内で異動したり、立候補したり、転職したりして複数経験していくのが一般的な時代です。最初「営業職」で入社した後に、「人事」や「マーケティング」「経理」の仕事をしていくことも十分可能なのです。

これら2点を頭に入れて、まずは「できるだけ早期に自分が見る業界・職種を合計で4つ以内に絞り込むぞ！」という意識を強めてください。

自分の言葉で説明できるかチェック

- □ 左下の図を見ながら、「就活における『業界・職種を絞り込む重要性』」について説明できる？
- □ 右下の図を見ながら、「就活時に見なかった業界や職種は後で選択可能だということ」について説明できる？

■ ここで選ばなかった業界・職種も後で選択可能だと考えよう

	ファーストキャリア	セカンドキャリア	サードキャリア	理想
業界	業界A	業界B	業界C	目指したい姿
職種	営業	マーケティング	商品企画	

選ばなかった業界も…
選ばなかった職種も…　→　後で選択可能

STEP ❺：自己分析「就活戦略の策定」
業界・職種の絞り込み方②

　それでは、いよいよ「業界や職種の絞り込み方」を具体的に解説していきます。

　ポイントは2つです。1つは「**現時点で自分が興味・関心を抱いている業界・職種をピックアップする**」ことです。そしてもう1つは、「**自分が『将来ビジョン』で設定した『目指したい姿』とのつながりを意識して、つながりが強そうな業界・職種をピックアップする**」ことです。まずは、左下の図を見てください。Chapter 2‐6‐1（90ページ）でも述べた通り、本書では「新卒キャリアは逆算で考えるべき」というスタンスをとっていますので、業界や職種の絞り込みをする際にも、現時点の興味・関心に加えて、目指したい姿とのつながりを意識して「逆算」で考えることを推奨しています。

　次に、右下の図を見てください。上の2点を意識して実際に「現時点の興味・関心の強さ」と「目指したい姿とのつながりの強さ」で業界や職種を評価したら、次の4つのパターンに分類されることがわかります。

❶興味・関心があり、「目指したい姿」とのつながりも強そう

❷興味・関心はあるが、「目指したい姿」とのつながりは強いかどうかわからない

■ 業界・職種の絞り込みも、逆算で考えるべきだ

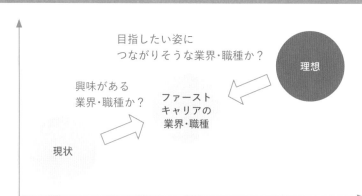

❸興味・関心はないが、「目指したい姿」とのつながりが強そう

❹興味・関心がなく、「目指したい姿」とのつながりは強いかどうかわからない

　私は、❶→❷→❸の順で、自分が見る「業界や職種に優先順位をつけて絞り込むべき」と考えます。❶は最優先、❷は次に優先、❸はその次に優先という具合です。❹はどう考えてもファーストキャリアで選ぶべき業界・職種ではないと言えそうなので、❶→❷→❸の順で序列をつけて絞り込めばいいと思います。

　就活を始めて日が浅い人や、まだ業界や職種についてイメージがついていない人は、まず一通り、業界分析本や職種分析本を読んだり、社会人や先輩内定者に聞いたりしながら業界や職種のイメージを深める時間をとり、その後、絞り込みを実施してください。次のページで述べる夏・秋・冬のインターンの活用は「業界や職種イメージを深める絶好の場」とも言えるので、機会があれば積極的に活用するようにしてください。

自分の言葉で説明できるかチェック

□ 左下の図を見ながら、「業界・職種の絞り込みも、逆算で考えるべきということ」について説明できる？

□ 右下の図を見ながら、「興味関心があり、目指したい姿につながる業界・職種の選び方」について説明できる？

■ 興味関心があり、目指したい姿につながりそうなものを選ぼう

優先順位	Q1.興味・関心がある？	Q2.目指したい姿につながりそう？
1位	◯	◯
2位	◯	✕
3位	✕	◯
NG	✕	✕

STEP ❺：自己分析「就活戦略の策定」
業界・職種の絞り込み方③

　ここでは「業界や職種の絞り込み時にインターンを積極的に活用するメリット」について解説していきます。**本選考まで時間がある場合、必ず積極的にインターンに参加して企業の生の情報に触れた上で「業界や職種の絞り込み」を実施してください。**もちろん、全員がインターンに参加しなければならないというわけではないので、本選考までに時間の猶予がない人は、104、105ページの方法で早期に絞り込みを行ってください。

　「インターンに参加するメリットは何ですか？」と就活生に質問されたら、私は迷わずにこう答えます。「**それは、業界や職種に対するあなたの『印象』を『実感』に変えてくれることです**」と。

　まだ実務経験に乏しい就活生のみなさんにとっては、本やニュースなどで得た業界や職種についての何となくの知識（＝印象）で絞り込みを行うよりは、その「印象」を実際の企業現場での研修を通して「実感」に変えてから絞り込みを行っていくほうが、よっぽど安心感が強いはずです。

　よくビジネスで「仮説」（こうじゃないだろうかという現時点の見解）を「検証」（正しいかどうかを調べ上げること）するという言葉が使われますが、**インターンはまさにキャリアに関する仮説検証の場としては最適な場であると言えます。**

■ 仮説検証の場として夏・秋・冬のインターンを活用しよう

印象	経験	実感
業界	夏　秋　冬	業界
A業界？B業界？		A業界!!
職種	インターン	職種
営業？マーケティング？		営業!!

では、夏のインターン、秋のインターン、冬のインターン、どれに申し込んで業界や職種に関する仮説検証を行うべきなのでしょうか？　私の答えは、「できるだけ早く仮説検証を済ませて、できるだけ早期に業界や職種の絞り込みを行うべき」というものです。

　右下の図にもあるように、**本選考までに他の就活生よりも「効率的」に動き、他の就活生と本質的に「差別化」していくためには、どれだけ早期に業界や職種の絞り込みを終えて、絞り込んだ業界や職種の中での企業分析に時間を費やせるかがポイントになります。**このことを理解して、夏以前に動き出した人は夏のインターンを経て、夏に動き出した人は秋のインターンを経て、秋に動き出した人は冬のインターンを経て、できる限り早期に業界や職種の絞り込みを完了させてほしいと思います。

┌─ 自分の言葉で説明できるかチェック ─
│
│　☐ 左下の図を見ながら、「業界・職種絞り込みの仮説検証の場としてインターンを活用すべき理由」について説明できる？
│　☐ 右下の図を見ながら、「業界・職種の絞り込みはできるだけ早期に行うべきである理由」について説明できる？

■ 業界や職種の絞り込み方に正解はないが、早ければ早いほどいい

	夏	秋	冬	本選考
◎	業界・職種絞り込み	企業分析		本選考
○	業界・職種絞り込み	企業分析		本選考
△	業界・職種絞り込み		企業分析	本選考

STEP ❺：自己分析「就活戦略の策定」
業界・職種の絞り込み方④

　ここでは、いよいよ実際に業界を絞り込み、これから分析する企業を決めていきます。まずは右下の図の業界一覧を参考に、自分が見ていく業界を決めてください。本書では業界に関して便宜上９つの大カテゴリーと、40の小カテゴリーに分類しています。ここでは、40の小カテゴリーから「業界重視」派の人は４業界か３業界、「業界も職種も両方見ていく」派の人は２業界、「職種重視」派の人は１業界を選択してください。

　見ていく業界が決まれば、次は業界内のどの企業を見ていくかを決めていきます。本書では「各業界５社以上の企業を分析し、志望動機を構築していく」ことを推奨しているため、５社以上の企業を選ぶようにしてください。５社以上であれば何社見ても構いませんが、就活は限られた期間の中で結果を出す必要があるゲームだということを念頭に置いて、現実的な範囲で自分が見る企業数を決めてください。

　ここで多くの就活生のみなさんは「業界内のどの企業を見るべきか？」という疑問を抱くと思いますので、それに対する私の答えを示します。答えは「日系企業、外資系企業、大手企業、ベンチャー企業など、できるだけバラエティーに富んだ企業をピックアップするべき」となります。より具体的には、以下を参考に分析対象の企業を選んでみてください。
❶業界最大手企業→必ず１社見ましょう
❷業界２番手・３番手企業→必ず２社見ましょう
❸その他の業界大手企業、メガベンチャー企業→この中から１社以上見ましょう
❹業界内ベンチャー企業、スタートアップ企業→この中から１社以上見ましょう
　❶〜❹をベースに、外資系企業も分析対象に取り入れていくことで、同じ業界内でバラエティーに富んだ企業を５社以上見ていくようにするといいと思います。

　何度も言いますが、大切なことはできる限り早期に業界の絞り込みを行うことです。本選考に突入してから「分析対象の業界を変える」のは絶対

に得策ではありません。そのことを念頭に置いて、**本選考までのできるだけ早いタイミングで、業界の絞り込みと企業選定を終えるようにしてください。**

自分の言葉で説明できるかチェック

☐ 右下の図を見ながら、「一覧から業界を絞り込む手順」について説明できる？

■ 実際に業界一覧から絞り込んでみよう

大カテゴリー	小カテゴリー		
建設・住宅・不動産	建設・住宅・道路	住宅・住設機器	不動産
食品・化学・医薬	食品・飲料	化学	医薬品・医療機器
	化粧品・生活用品	繊維・アパレル	
素材	ゴム・ガラス・セメント	紙・パルプ・印刷・インキ	鉄鋼
	非鉄・金属製品		
電機・機械・自動車	電機・電子部品・半導体	機械	自動車・自動車部品
運輸・エネルギー	運輸・倉庫	エネルギー	
金融	投資銀行	銀行	証券
	生保・損保	信販・クレジットカード・リース	フィンテック
商社・流通	総合商社	専門商社	百貨店・スーパー・コンビニ
	家電量販店・ホームセンター		
IT・情報・サービス・コンサル	フードサービス	旅行・ホテル	ブライダル
	マスコミ(テレビ・新聞・広告・出版)	エンターテインメント	
	教育・人材サービス	ITサービス(SIer・情報処理サービス)	
	ソフトウェア	インターネット・通信	コンサルティング
その他	公務員	NPO	その他

ここでは、いよいよ実際に職種を絞り込み、これから分析する企業を決めていきます。まずは右下の図の職種一覧を参考に、自分が見ていく業界を決めてください。本書では職種に関して便宜上31のカテゴリーに分類しています。ここでは、31のカテゴリーから「職種重視」派の人は4職種か3職種、「業界も職種も両方見ていく」派の人は2職種、「業界重視」派の人は1職種を選択してください。

　見ていく職種が決まれば、次はその職種で募集をしているどの企業を見ていくかを決めていきます。**本書では「各職種5社以上の企業を分析し、志望動機を構築していく」ことを推奨しているため、5社以上の企業を選ぶようにしてください。** 5社以上であれば何社見ても構いませんが、就活は限られた期間の中で結果を出す必要があるゲームだということを念頭に置いて、現実的な範囲で自分が見る企業数を決めてください。

　ここで多くの就活生のみなさんは「その職種のどの企業を見るべきか？」という疑問を抱くと思いますので、それに対する私の答えを示します。答えはここでも業界同様「日系企業、外資系企業、大手企業、ベンチャー企業などできるだけバラエティーに富んだ企業をピックアップするべき」であり、「職種に関しては、その職種で有名な企業（その職種に強みがある企業）をピックアップすべき」となります。より具体的には、以下を参考に分析対象の企業を選んでみてください。

❶その職種で有名な大手企業→この中から1社以上見ましょう

❷その職種で有名な中堅企業・メガベンチャー企業→この中から1社以上見ましょう

❸その職種で有名なベンチャー企業・スタートアップ企業→この中から1社以上見ましょう

　❶〜❸をベースに、外資系企業も分析対象に取り入れていくことで、同じ職種でバラエティーに富んだ企業を5社以上見ていくようにするといいと思います。「その職種で有名な企業」については、**経験豊富な社会人や先輩内定者にヒアリングをするのが一番です。**

「営業を極めたいと思っているのですが、どこがオススメですか？」とか「デジタルマーケティングが強い会社はどこかご存じですか？」というように、積極的に質問してリストアップしていくことを推奨します。

自分の言葉で説明できるかチェック

□ 右下の図を見ながら、「一覧から職種を絞り込む手順」について説明できる？

■ 実際に職種一覧から絞り込んでみよう

	営業系 / 接客・販売系 / デジタルマーケティング・デジタル広告宣伝系
	その他マーケティング・その他広告宣伝系 / 広報系 / CS・カスタマーサクセス系 / 経営戦略・経営企画・経営管理・IR系
	M&A・投資・インキュベーション系 / 事業企画・事業開発系 / サービス企画・商品企画系
	データアナリスト・データサイエンティスト系 / DX推進・AI活用推進 / 情報システム・システム開発系 ※非技術者
専門家	IT技術系（SE・プログラマー等） / その他技術系（その他エンジニア） / R&D・研究開発系
	製造・品質管理系 / 調査・シンクタンク系 / 人事系 / 総務系 / 法務系
	経理・財務・会計系 / ITクリエイター・ITデザイナー（UI・UX）系 / その他クリエイター・デザイナー系
	貿易系 / グローバル業務系 / コンサル系（シニアアソシエイト・アソシエイト・アナリスト）
	投資銀行系（アソシエイト・アナリスト） / 公務員系 / NPO系 / その他専門系 ※具体的に

自己分析まとめ

Chapter 2
6-12

　自己分析のパートでは、前半は「過去から現在までの自分の振り返り」と「自分の特徴の明確化」について、後半は「就活戦略の策定」について解説してきましたが、ここではそれぞれの要点をまとめておきましょう。

　自己分析のゴールの1つ目は、「成長見える化シート（2枚）」と「自分の特徴シート（強み、弱み、人間性・性格）」を完成させることです。「成長見える化シート」については、まずは小学校時代から現在までの自分の成長をすべて見える化したシートを作成し、その上で、成長インパクトが「特大」と「大」のものについては、成長ポイントをさらに深掘りしたシートを作成します。「自分の特徴シート」については、強みと弱みをそれぞれ5つと、人間性・性格についても5つをピックアップし、「見出し」「説明文」「具体例」の3点セットで整理しておきます。**「成長見える化シート」と「自分の特徴シート」があれば、就活の選考で問われる今までの自分についての質問にはほとんど答えられるようになる**ので、必要なプロセスだと肝に銘じて自分の納得できるものを作り上げてください。

　自己分析のゴールの2つ目は、「キャリア戦略マップ」を完成させることです。「キャリア戦略マップ」は、「将来ビジョンの決定」と「業界・職種の絞り込みと企業選定」に取り組むことで、「積み上げ」ではなく「逆

■ 自己分析のゴール①「成長見える化シート」と「自分の特徴シート」

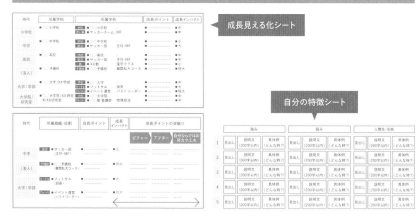

成長見える化シート

自分の特徴シート

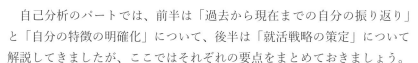

算」でキャリア戦略を考えられるように設計されています。人生の夢や目標はまだ決まってなくてもいいので、何年でどんな姿を目指すのかを宣言し、それに向けてどんな業界・職種のどんな企業を分析していくのかを決めていきます。ポイントは、業界や職種の絞り込みはできるだけ早期に済ませ、本選考までの「企業分析」の時間を長めにとれるようにすることです。「キャリア戦略マップ」があれば、自分の「就活の軸」について自信を持って周囲にプレゼンテーションできるようになるので、常に「現時点のマイベスト」を設定し、色々な人に聞いてもらいながら、必要に応じてアップデートしていくようにしてください。

　本書の大きな特徴は「自己分析」のゴールを明示していることです。上記のシートやマップを仕上げることで、ひたすら不毛な自己分析をやり続ける毎日から解放されますので、そう信じて取り組んでみてください。

┌─ 自分の言葉で説明できるかチェック ─
│

│　□ 左下の図を見ながら、「自己分析で『成長見える化シート』と
│　　『自分の特徴シート』を完成させる手順」について説明できる？
│　□ 右下の図を見ながら、「自己分析で『キャリア戦略マップ』を
│　　完成させる手順」について説明できる？

■ 自己分析のゴール②「キャリア戦略マップ」

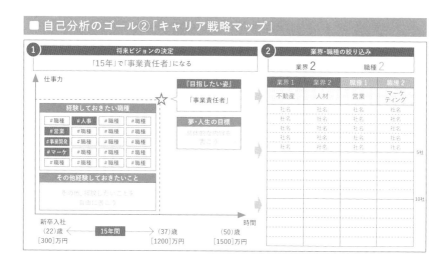

コラム
自己分析は「言語化力」で差がつく

　ここでは、自己分析のコラムとして、「言語化力」を磨く重要性について解説していきます。

　ほとんどの就活生は、就活対策として「思考力（論理的思考力）」と「伝達力（プレゼンテーション能力）」を鍛えています。確かに物事を論理的に考え、自分が考えたことを的確に相手に伝えていくことは就活の必須スキルと言えます。しかし、この2つをどれだけ鍛えても企業担当者に自分の想いを伝えられず、選考で不本意な結果に終わる就活生が大勢いることも事実です。断言します。この2つを鍛えるだけでは不十分です。**私は、本書の読者のみなさんには、ライバルの就活生より抜きんでるためにも、上記2つの力に加えて「言語化力」を鍛えることを推奨します。「言語化力」とは、一言で言うと「自分の考えていることを最も的確に表現する最高の言葉（パワーワード）を捻り出す力」です。**

　編集者の竹村俊助氏は著書『書くのがしんどい』の中で、「書くな。伝えろ」と述べています。

　コピーライターの田口まこ氏は著書『伝わるのは1行。』の中で、「相手の心に刺さる1行をつくる4つのステップとは？」について以下の通り解説しています。

　ステップ❶「絞る」：誰に伝えたいのかを具体化し、ターゲットを絞る

　ステップ❷「広げる」：伝えたいことを、思いつくかぎり書き出す

　ステップ❸「選ぶ」：書き出した言葉の中から本当に伝えたいことを1つ選ぶ

　ステップ❹「磨く」：選んだ言葉をブラッシュアップし、1行を完成させる

　クリエイティブディレクターでThe Breakthrough Company GO代表の三浦崇宏氏は著書『言語化力』の中で、「変化を起こせる言葉が、ぼくの定義する『いい言葉』なのである」と述べ、以下の通り「言葉で人を動かす時の3つのポイント」を解説しています。

　ポイント❶：目的を明確にすること

ポイント❷：目的に向かうプロセスを明確にすること

ポイント❸：主語を複数にすること

　就活生のみなさんが自己分析で「成長見える化シート」や「自分の特徴シート」や「キャリア戦略マップ」を完成させる時に、ぜひ上記も参考にしながら、自分だけのパワーワードを捻り出して「自分を伝えて相手を動かしていってほしい」と私は思います。また、ES、面接、GD・インターンといった選考においても「言語化力」の高い就活生、つまり、「言葉を大事にしている」就活生はそれだけで、その他大勢の就活生と本質的な差別化ができると言っても過言ではありません。ESのゴールはESを読むES を評価する企業担当者に「面接に呼びたいな」と思わせること、面接のゴールは面接官に「自分より上位者に会わせてみたいな」と思わせること、GD・インターンのゴールは企業担当者に「一緒に働いてみたいな」と思わせることです。読者のみなさんには、ぜひ「言語化力」を高め、伝わる言葉、変化を起こす言葉、人を動かす言葉を駆使して、選考を突破していってほしいと思います。

　自分の言葉で説明できるかチェック

　　□　右下の図を見ながら、「就活で成功する人は『言語化力』を磨いている理由」について説明できる？

■就活で成功する人は「言語化力」を磨いている人だ

✕　「思考力」と「伝達力」のみ鍛える

盲点
言語化力

思考力　　　伝達力

◎　「言語化力」も鍛える

言語化力

思考力　　　伝達力

STEP ❻：企業分析「公開情報による分析」
「新卒採用サイト」で整理すべき5項目

　いよいよ、ここから「企業分析」に入ります。まずは、本書が推奨する企業分析の全体像をしっかり押さえてください。

　企業分析は、「各種ナビサイト」「新卒採用サイト」「企業サイト」に掲載されている公開情報を用いて行う予習と、「会社説明会」「OB・OG訪問」「インターン」などで得た非公開情報を用いて行う本番に分けられます。**予習と本番でそれぞれ10項目、合計20項目の分析事項を紹介しますので、もれなく取材し、把握してから本選考に臨むようにしてください。**

　ここでは予習のうち、「新卒採用サイト」に掲載されている公開情報から必ず押さえておきたい5項目についてお伝えしておきます。

　1点目の「社長メッセージ・人事責任者メッセージ」は最重要です。これは、今年の就活生に向けてどんなメッセージを発するかをその企業の総意としてまとめたものになりますので、「キーワードは何か」「要点は何か」「どんな人材を求めているのか」をしっかり読み取り、ノートにまとめておいてください。

　2点目の「募集職種・募集人数」では、新卒採用で募集している全職種をチェックし、自分に合う職種を検討してみてください。また、その職種で何人くらい採用予定なのかをメモしておいてください。

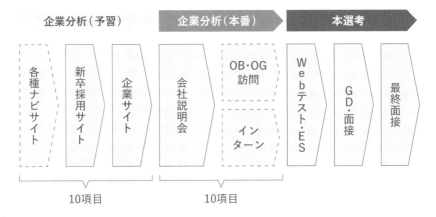

■ 会社説明会までに「新卒採用サイト」で必ず予習しよう

企業分析（予習）　　企業分析（本番）　　本選考

各種ナビサイト → 新卒採用サイト → 企業サイト → 会社説明会 → OB・OG訪問 / インターン → Webテスト・ES → GD・面接 → 最終面接

10項目　　　　　　10項目

　3点目の「活躍する先輩社員」では、その年に在籍する「企業のエース級社員」が取り上げられていると思ってください。どこの部署の誰が取り上げられていて、その人はどんな仕事をして成果を上げているのか、メモをしておくといいでしょう。

　4点目の「会社説明会・インターン等選考情報」では、企業のマイページに自分のメールアドレスなどを登録しておいて、常に最新情報が届くようにしておいてください。

　5点目の「新卒採用に関する問い合わせ先」は、必ずチェックして、ノートにメモをしておいてください。あまり知られていませんが、できる就活生はとても積極的に企業の採用担当者にコンタクトを取り、毎回上手に自分の疑問を解消しています。

　これら5項目をすべてやり切ったら、「新卒採用サイト」を用いた企業分析の予習は終了です。

自分の言葉で説明できるかチェック

- □ 左下の図を見ながら、「会社説明会までに『新卒採用サイト』で予習するべき理由」について説明できる？
- □ 右下の図を見ながら、「企業分析の予習として、『新卒採用サイト』で確認すべき5項目」について説明できる？

■「新卒採用サイト」ではこの5項目を必ず確認しよう

01　社長メッセージ・人事責任者メッセージ

02　募集職種・募集人数

03　活躍する先輩社員

04　会社説明会・インターン等選考情報

05　新卒採用に関する問い合せ先

STEP ❻：企業分析「公開情報による分析」
「企業サイト」で
整理すべき5項目

　「新卒採用サイト」で5項目をまとめたら、次は「企業サイト」を確認しましょう。**ここでは「企業サイト」に掲載されている公開情報の中で必ず押さえておきたい5項目についてお伝えしておきます。**

　まず1点目は、「代表者（社長）メッセージ」です。一般消費者に対して企業のトップがどんなメッセージを発しているのか、要点をつかみ、ノートにメモしておきましょう。

　2点目は、「企業理念（ミッション・ビジョン）」です。この企業は何のために事業を営んでいるのか、何の実現を目指しているのか、何を大事にして経営しているのかなどを簡潔にメモしておきましょう。

　3点目は、「経営陣（取締役・執行役員）」です。社長はどんな経歴の方なのか必ず確認しましょう。その他、役員は何人いるのか、新卒入社のほうが多いのか、中途入社のほうが多いのか、何歳くらいの方が多いのかなどをチェックしておいてください。

　4点目は、「事業内容（サービス紹介・プロダクト紹介）」です。売上や利益の大半を占める主力事業は何なのか、今、注力している新規事業は何なのかに分けて、人に説明できる程度にまとめておいてください。

　そして最後の5点目は、「サービス（プロダクト）に関するウェブサイ

■ 会社説明会までに「企業サイト」で必ず予習しよう

企業分析（予習）	企業分析（本番）	本選考

各種ナビサイト　新卒採用サイト　企業サイト　｜　会社説明会　OB・OG訪問　インターン　｜　Webテスト・ES　GD・面接　最終面接

10項目　　　　　　10項目

ト・アプリ」です。実際に消費者（その企業にとってのお客様）が使うサービスサイトやプロダクト購入サイトを訪問してみてください。その際に、お客様はどんな人でどんな気持ちでこのサイトやアプリを使うのか、企業がサービスやプロダクトを通じてお客様に提供する価値は何なのかを想像しながら、気づいたことや考えたことをメモしておきましょう。

　もう1つ、これは分析対象が上場企業の場合に限りますが、IR情報（投資家向け情報）のコーナーにある、「決算説明会資料」や「中期経営計画」のPDFファイルを読み込むことをおすすめします。これらの資料には企業の経営状況や成長戦略などがわかりやすくまとめられているので、ぜひ一度チェックしてみてください。ここまでやれば企業分析の予習は十分と言えるでしょう。

> 自分の言葉で説明できるかチェック

- □ 左下の図を見ながら、「会社説明会までに『企業サイト』で予習するべき理由」について説明できる？
- □ 右下の図を見ながら、「企業分析の予習として、『企業サイト』で予習すべき5項目」について説明できる？

■「企業サイト」ではこの5項目を必ず確認しよう

01　代表者（社長）メッセージ

02　企業理念（ミッション・ビジョン）

03　経営陣（取締役・執行役員）

04　事業内容（サービス紹介・プロダクト紹介）

05　サービス（プロダクト）に関するウェブサイト・アプリ

分析対象が上場企業の場合は、「決算説明会資料」「中期経営計画」もチェック

STEP ❼：企業分析「非公開情報による分析」
「ハード面5項目」の明確化

　いよいよこれから企業分析の本番に入ります。本番のゴールは、主に会社説明会で得た情報を活用し、人事担当者や先輩社員にも積極的に質問しながら「ハード面5項目」と「ソフト面5項目」の合計10項目を自分なりにまとめ上げることです。後で友人や家族など、その企業のことを何も知らない人に自分で説明できる状態を目指して、各項目をまとめていきましょう。

　まずは「ハード面5項目」を見ていきます。ハード面では、主に「答えが1つに定まりやすい項目」を扱います。

　1点目は、「企業理念（ミッション・ビジョン）」です。予習時に調べた内容を人事担当者の説明を聞きながら再確認しましょう。その理念が従業員の間にどの程度、浸透しているのかも、重要な確認事項です。

　2点目は、「事業内容」です。これも予習時に調べていると思いますが、人事担当者からより詳細な説明が聞けると思いますので、各事業の「顧客（お客様）は誰で、顧客にどんな価値提供をして、顧客からどの程度の対価を得ているのか」を最低限、理解して整理しておきましょう。

　3点目は、「売上・利益」です。過去3年程度の売上高、営業利益の推移を把握しましょう。万一、売上や利益が非公開の企業の場合でも、ここ3年の業績はどの程度伸びているのかを確認しましょう。

　4点目は、「成長戦略」です。成長戦略とは、簡単に言うと「企業が現状と理想とのギャップをどのように埋めていこうと考えているのか」ということです。①まずは現状を理解（定性・定量両面）、②理想、つまり今後どんな姿を目指しているのかを理解（定性・定量両面）、③どうやって現状と理想の差を埋めようとしているのかの方法論を理解、という3点セットで取材を進めていきましょう。

　そして最後の5点目は、「給与水準と評価制度」です。給与水準については、①初年度の給与水準、②3年後の給与水準（上位と下位でどの程度差がつくか）、③30歳時点の給与水準（上位と下位でどの程度差がつくか）を最低限把握しましょう。大企業などでは30歳以降で大きく給与に

差がつきはじめるケースもありますので、気になる人はその点も質問するようにしてください。なお、給与については気にする就活生が多いのですが、意外と盲点になるのが評価制度についてです。「どんな評価制度なのか（評価は年何回行われるのか、誰がどのように行うのか、その結果はどのように給与決定や役職決定に反映されるのか）」についても、ぜひ積極的に質問してみてください。

　上記5項目について、企業によっては採用担当者に質問しても満足のいく回答が得られない場合もあると思いますが、それがその企業の就活生に対する姿勢だと解釈し、集められる範囲で正確な情報を集めていきましょう。

> 自分の言葉で説明できるかチェック

 □　右下の図を見ながら、「企業の『ハード面』で分析すべき5項目」について説明できる？

■「ハード面」はこの5項目を必ず明確化しよう

01　企業理念（ミッション・ビジョン）

02　事業内容

03　売上・利益

04　成長戦略

05　給与水準と評価制度

STEP ❼：企業分析「非公開情報による分析」
「ソフト面５項目」の明確化

次に、「ソフト面５項目」を見ていきます。**ソフト面では主に「答えが１つに定まりにくい項目」を扱うので、より積極的かつ丁寧に採用担当者や先輩社員への質問を行うようにしてください。**

まず１点目は、「**企業文化・企業風土**」です。この項目については「どんな企業文化や企業風土ですか？」とダイレクトに聞いても満足のいく答えが得られない可能性が高いです。そのため「従業員の大半がどんな価値観に基づいて仕事をしているのか」「上司・部下・先輩・後輩・同僚はどんな関係性か」「どんな考え方をしてどんな行動をすれば評価されるのか」など、ピンポイントな質問項目をあらかじめ準備しておくといいと思います。

２点目は、「**活躍する先輩社員**」です。活躍する先輩社員を見て、「自分も入社して〇年でこの先輩のようになって、この会社で活躍していたいな」と思えるロールモデルがいるかどうかをチェックしてください。活躍する先輩社員については、何年目のどの部署の誰かということだけでなく、どんなキャリアを歩んで今の姿になったのかにも注目しましょう。本選考までに、そうした社員にOB・OG訪問できたら最高です。

３点目は、「**（主に１年目の）仕事内容**」です。「自分が１年目でどんな仕事をする可能性があるのか」を知るのは非常に重要です。それは、１年目の仕事に夢中になれるかが「仕事＝楽しくやりがいのあるもの」と思えるかどうかを決定づけるからです。また、１年目の仕事内容を具体的にイメージした上で自身の「強み」が活かせることをアピールすれば、選考を突破する確率も飛躍的に高まるからです。

４点目は、「**成長環境**」です。入社後３年でどんな成長ができるか、20代でどんな成長ができるかをオープンに聞いてみるのもいいですし、「自分はこんな成長をしたいと思っていますが、御社で働いたら実現できそうですか？」とダイレクトにぶつけてみるのもいいと思います。入社後どんな成長ができそうなのかを、具体的に細かく聞き出し、言語化しておくことがポイントです。

　そして、最後の**5点目**は、「**キャリア形成イメージ**」です。キャリア形成について質問するときは、「プレイヤー（現場の第一線で専門性を突き詰めながら働く社員）としてのキャリア」と「マネージャー（組織の管理者として働く社員）としてのキャリア」の2つについて確認するといいと思います。それ以外にも、ジョブローテーション制度や、社内で新しい部署への異動を志願する立候補制度など、企業独自の仕組みについても確認してください。

　一般的にソフト面5項目はハード面5項目よりもまとめるのが難しいですが、志望動機の確立に必要不可欠なものなので、粘り強く取材して整理するようにしてください。

> 自分の言葉で説明できるかチェック

　□ 右下の図を見ながら、「企業の『ソフト面』で分析すべき5項目」について説明できる？

■「ソフト面」はこの5項目を必ず明確化しよう

01　企業文化・企業風土

02　活躍する先輩社員

03　（主に1年目の）仕事内容

04　成長環境

05　キャリア形成イメージ

STEP ❽：企業分析「新卒人材要件の明確化」
「新卒に求める人材像」の明確化

　企業分析（本番）で紹介した10項目に加えて、**会社説明会に参加したら必ず採用担当者に質問して明確にしておいてほしいことが、あと２つあります。それは「新卒に求める人材像」と「活躍する先輩社員の特徴」**です。ここでは、「新卒に求める人材像」について解説していきます。

　私が就活生にアドバイスをする時に必ず伝えているのが、「会社説明会に行ったら、『新卒に求める人材像』について、とにかく具体的に聞いてくるように」ということです。

　まとまった文章でも要素の箇条書きでも構いませんが、**その企業が「どんな人材を求めているのか？」「なぜ、そんな人材を求めているのか？」「逆に、どんな人材は求めていないのか？」を徹底的に取材して把握して**くるように伝えています。理由はシンプルで、ここで聞いた新卒に求める人材像が、本選考で「私を採用すべき」という理由を組み立てるための的になるからです。的を見ずにダーツをする人がいないように、本選考でも的を認識せずに自己PRはできません。新卒に求める人材像に対して、自分が当てはまる部分はどこかをよく考え、自分の良さをどうアピールしていくかのシナリオを作り込むのです。

　ここでもう１つ、新卒に求める人材像を把握する時に理解しておくとい

■「新卒に求める人材像」は会社説明会の最重要確認事項だ

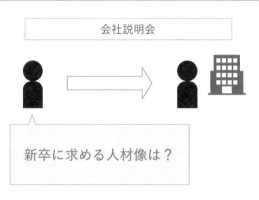

会社説明会

新卒に求める人材像は？

いことをお伝えしておきます。それは、「企業の成長戦略と関連付けて理解するべき」ということです。企業分析（本番）の10項目のうち、ハード面5項目の1つに「成長戦略」を把握するという項目があります。「企業が現状と理想とのギャップをどんな方法で埋めていくか」がこの成長戦略に該当しますが、成長戦略の1つに採用戦略があることを理解しましょう。

つまり、企業は新卒と中途で、それぞれまだ企業にいない人を採用して、その人たちに活躍してもらって、理想の姿に近づけていこうと考えているわけです。「企業の成長戦略を実現するために自分たちは入社するのだな」という意識を持って、どんな人材を新卒で求めているのかを具体的に把握するようにしてください。

自分の言葉で説明できるかチェック

□ 左下の図を見ながら、「会社説明会では『新卒に求める人材像』を必ず確認すべき理由」について説明できる？
□ 右下の図を見ながら、「『求める人材像』とともに、『合わない人材像』も確認すべき理由」について説明できる？

■「求める人材像」と「合わない人材像」を両方確認しよう

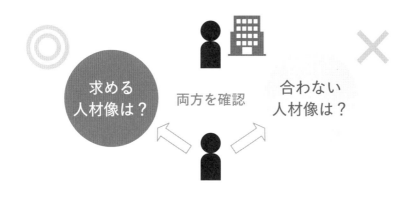

STEP ❽：企業分析「新卒人材要件の明確化」
「活躍する先輩社員の特徴」の明確化

　次に、「活躍する先輩社員の特徴」について解説していきます。**なぜ就活生は「活躍する先輩社員の特徴」を理解しておくと有利なのでしょうか？**

　左下の図を見てください。一般的にどの企業のどの組織でも、人材のレベルは上位20％、中位60％、下位20％に分かれると言われています。「新卒に求める人材像」に合致し、本選考を突破してきた人材でさえも、このように2：6：2に分かれてしまうのです。私が就活生のみなさんにアドバイスしているのは、「2：6：2の上位20％の社員の特徴をしっかり把握しよう」ということです。「新卒に求める人材像に合致しています」という主張は必ずした上で、**「活躍している先輩社員に共通する資質を自分も持っています」と主張できれば鬼に金棒だからです。**

　私だったら採用担当者にこんなふうに質問します。「新卒で入社して、〇〇の仕事をした時に、一番差が付くポイントはどこですか？」「新入社員時代から頭角を現す社員の特徴を教えてください」「入社3年目くらいで活躍している社員さんに共通している要素があれば教えてください」などです。

　また、実際に新卒採用サイトや企業サイト、会社説明会で紹介されてい

■ どの組織でも人材の層は「2：6：2」に分かれる!?

内定時	入社後

全員「求める人材像」に
合致して入社している
けれど……

20％ → ハイパフォーマー

60％ → ミドルパフォーマー

20％ → ローパフォーマー

る、その企業のエース社員に会うことができれば、必ずこのように聞いてみてください。「同期で活躍されている社員の特徴を教えてください」「御社に入社して1年目からスタートダッシュを切ろうと思うと、どんな能力やスキルが必要だと考えますか？　どんな努力をすればいいかアドバイスをいただけませんか？」などです。

ビジネスは長期戦ですので、必ずしも1年目で成果を出し注目された人材が、そのまま上位20％の人材であり続けるとは限りません。それでもスタートダッシュを切れた人は早期に仕事の面白さに気づけたり、成果を出すクセが身につきやすくなったりするので、断然有利と言えます。

新卒に求める人材像のみならず、活躍する先輩社員の特徴も具体的に聞き出して、本選考では自分がその企業で活躍できる自信があることを積極的にアピールしてください。

自分の言葉で説明できるかチェック

☐ 左下の図を見ながら、「どの企業のどの組織でも人材の層は『2：6：2』に分かれる理由」について説明できる？

☐ 右下の図を見ながら、「企業の上位20％人材（ハイパフォーマー）の特徴を探るべき理由」について説明できる？

■ 上位20％人材（ハイパフォーマー）の特徴を探ろう

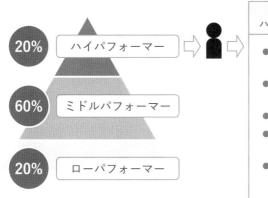

企業分析まとめ

　企業分析のパートでは、前半は「予習10項目＋本番10項目」について、後半は「新卒に求める人材像／活躍する先輩社員の特徴」について解説してきましたが、ここではそれぞれの要点をまとめておきましょう。

　企業分析のゴールの1つ目は、「**予習10項目をしっかりやり、本番10項目（ハード面5項目、ソフト面5項目）をまとめきること**」です。本番10項目をしっかりまとめきるためには、予習10項目を調べた上で会社説明会に参加することが大前提です。

　そして、**本番10項目の中では、ハード面5項目よりもソフト面5項目のほうがまとめるのが難しいこと**を理解しておいてください。ソフト面5項目をしっかりまとめきるためにも、大前提として会社説明会などでの質問を恐れないことが重要です。聞きたい内容があるのに怖じ気づいて聞けないのは絶対ダメだと自分に言い聞かせてください。そして、何度も会社説明会に参加しながら、自分の「（質問力も含む）インタビュースキル」と「（聞いた情報をまとめる）情報編集力」を高めていってください。

　企業分析のゴールの2つ目は、「**会社説明会を活用して、新卒に求める人材像・活躍する先輩社員の特徴をまとめきること**」です。後ほど「マッチング評価」の項目で詳述しますが、みなさんは本番10項目を企業別に

■ 企業分析のゴール①「ハード面5項目」と「ソフト面5項目」

ハード面5項目	ソフト面5項目
01 企業理念（ミッション・ビジョン）	*01* 企業文化・企業風土
02 事業内容	*02* 活躍する先輩社員
03 売上・利益	*03* （主に1年目の）仕事内容
04 成長戦略	*04* 成長環境
05 給与水準と評価制度	*05* キャリア形成イメージ

比較し、相対的に共感度が高い企業については本選考にチャレンジしていくことになります。本選考を勝ち抜いていくためには、企業に共感を示すだけでは不十分です。新卒に求める人材像に合致しているということや、活躍する先輩社員の持つ資質をすでに備えていることをアピールしていく必要があります。このことを十分理解して、新卒に求める人材像と活躍する先輩社員の特徴についてはできるだけ具体的に聞き出し、まとめきるようにしてください。

「マネジメント」概念の提唱者であり、世界的な経営学者であるピーター・F・ドラッカーは「人に教えることほど、ある事項について学びになるものはない」と述べています。**企業分析でまとめた内容を実際に自分の周りの人に説明してみて、自分が本当に理解できているかを客観的に振り返るようにしてみてください。**

自分の言葉で説明できるかチェック

☐ 左下の図を見ながら、「企業分析で『ハード面5項目』と『ソフト面5項目』をまとめるときのポイント」について説明できる？

☐ 右下の図を見ながら、「『新卒に求める人材像』と『活躍する先輩社員の特徴』を聞くときのポイント」について説明できる？

■ 企業分析のゴール②「新卒に求める人材像」と「活躍する社員の特徴」

ある企業の新卒に求める人材像（例）	ある企業の活躍する先輩社員の特徴（例）
●目標達成意欲が強い	●物事を構造的に捉え説明できる
●ストレス耐性が高い	●コミュニケーション能力が高い
●論理的思考力がある	●ストレス耐性が高い
●リーダーシップ・統率力がある	●チームプレーを重視している
●仲間を思いやる姿勢がある	●業務以外からも積極的に学んでいる

Chapter 2

9-4

コラム

先輩社員に聞いておきたい 「３つの質問」

ここでは企業分析のコラムとして、「OB・OG訪問」や「インターン」で出会った先輩社員に「どんな質問をぶつければ有益な情報が得られるか」を解説していきます。本書に従って戦略的に就活を進めていく就活生のみなさんは「業界重視」派と「職種重視」派に分かれると思いますので、ここでは、それぞれどんな質問をすればいいかを解説していきます。

まず、一番大切なことは「どれだけ多くの優秀な先輩社員に話を聞きに行くことができるか」です。理由は単純で、「多くの優秀社員にインタビューすればするほど、その企業の特徴がよく理解できるようになり（企業分析の解像度が上がり）、その企業が自分に合うか合わないか判断しやすくなるのはもちろん、合うと判断した企業の選考も突破しやすくなるから」です。

■「業界重視」派の就活生のみなさんへ

左下の図のように３つの質問をして、３つの有益な情報をゲットするようにしてください。

❶業界全体に対する知識（業界の動向や魅力、働く人の特徴など）

❷業界内のその企業の立ち位置（その企業の業界内での独自性、評判、強み・弱みなど）

■「業界重視」派が先輩社員に聞いておきたい３つの質問

01 「この業界の魅力は何ですか？」

02 「この業界におけるこの企業の魅力は何ですか？」

03 「新卒でこの業界でこの企業で働く魅力は何ですか？」

❸その業界、その企業に新卒入社するメリット（新卒入社だから得られることなど）

■「職種重視」派の就活生のみなさんへ

右下の図のように３つの質問をして、３つの有益な情報をゲットするようにしてください。

❶その職種そのものに対する知識（その職種の面白さ、魅力、働く人の特徴など）

❷その職種をその企業でやる意味（その企業のその職種における独自性、評判、強み・弱みなど）

❸その職種をどの企業で新卒入社してやるメリット（新卒入社だから得られることなど）

インタビュー結果については、どの企業のどの部署の誰がどんな内容を回答してくれたのか、どんな言葉を使ってどんな表現をしていたのか、しっかり記録しておくようにしてください。

自分の言葉で説明できるかチェック

□ 左下の図を見ながら、「『業界重視派』がOB・OG訪問などで先輩社員に聞いておきたい３つのこと」について説明できる？
□ 右下の図を見ながら、「『職種重視派』がOB・OG訪問などで先輩社員に聞いておきたい３つのこと」について説明できる？

■「職種重視」派が先輩社員に聞いておきたい３つの質問

01　「この仕事（職種）の魅力は何ですか？」

02　「この仕事（職種）をこの企業でやる魅力は何ですか？」

03　「新卒でこの仕事（職種）をこの企業でやる魅力は何ですか？」

STEP ❾：接点創出「マッチング評価と志望動機」
「マッチング評価」とは？

　さて、ここからは接点の創出のメインとなる「マッチング評価」について解説していきます。マッチング評価の「マッチング」とは、「自己分析結果と企業分析結果のマッチング」を指します。つまり、**自己分析の結果と企業分析の結果を踏まえて、その企業の本選考を「受けるべきか」「受けるべきではないか」を判断することがマッチング評価のゴールです。**まずは、企業分析の結果である「10項目（「ハード面5項目」と「ソフト面5項目」）」と「新卒に求める人材像・活躍する先輩社員の特徴」をどのようにマッチング評価に活用していくのかを理解してください。

　結論から言うと、**企業分析結果の「10項目」は共感度評価に、「新卒に求める人材像・活躍する先輩社員の特徴」は適合度評価に、それぞれ活用**していきます。

　134ページの図のように、「10項目」のそれぞれの項目への共感を同じ指標で数値化して、共感度を算出します。

　また、「新卒に求める人材像／活躍する先輩の特徴」の要素を自分が持ち合わせているかと、それを立証するエピソードがあるかどうかを勘案して、適合度を算出します（具体的な算出方法はChapter 2 -10- 2 の「『マッチング評価』の方法」で解説します）。

■ マッチング評価で「受けるか」「受けないか」を決めよう

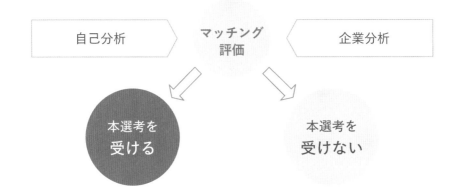

　共感度と適合度の意味合いですが、共感度は「その企業と価値観が合っている度合い」を表しており、適合度は「その企業の求める人材に適している度合い」を表していると考えるとわかりやすいと思います。

　では、「共感度」と「適合度」がそれぞれどのような状態であればその企業の本選考は「受けるべき」で、どのような状態であれば「受けるべきではない」と言えるのでしょうか？

　私は入社後ミスマッチを起こさないという意味でも、共感度の低い企業は受けるべきではないと思います。共感度が低い企業はそもそもあなたの価値観とズレていますので、入社しても幸せになりにくい（ミスマッチを起こしやすい）からです。そうすると自ずと「**共感度が高く、適合度も高い企業**」と「**共感度が高く、適合度が普通の企業**」が本選考を受けるべき対象企業になると言えるでしょう。

自分の言葉で説明できるかチェック

□ 左下の図を見ながら、「『マッチング評価』の目的」について説明できる？
□ 右下の図を見ながら、「『マッチング評価』で本選考を受けるべき企業」について説明できる？

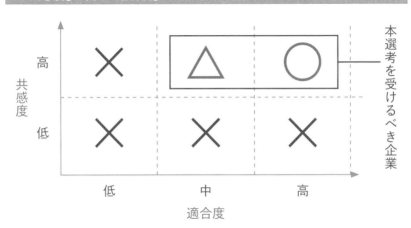

■「共感度」が高く「適合度」が高い企業を受けるべきだ

STEP ❾：接点創出「マッチング評価と志望動機」
「マッチング評価」の方法

　ここでは、「マッチング評価」の具体的なやり方について解説していきます。まずは、企業分析の「10項目」を使って共感度を算出していきましょう。

　10項目のうち、ハード面5項目の最初の項目は①企業理念（ミッション・ビジョン）なので、この項目を使って解説します。ある企業の企業理念について**自分がまとめたものを読み返し、自分の価値観に照らし合わせて5段階で共感度合いを評価してみてください。非常に共感できれば5、普通なら3、全く共感できなければ1という具合です。この作業を10項目すべてに行い、50点満点で共感度を算出しましょう。**

　ただし、人によって10項目のうち、どの項目を特に重視するかは異なって当然ですので、自分にとって大事な項目をあらかじめ決めておきましょう。そして、どの程度重要視するかに応じて、その項目を通常の何倍重み付けするかも自由に決めてみてください。例えば、項目Aは1番重視するので通常の3倍評価、項目BとCは2番目に重視するのでそれぞれ2倍評価、それ以外はそのまま評価し、10項目合計で70点満点にして点数を算出するという具合です。ただし、重み付けの基準と満点をコロコロ変えてしまうと同じモノサシで評価できなくなってしまうので、一度決めたら同

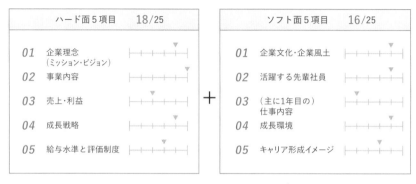

■「共感度」は10項目×5点＝50点満点で算出しよう

ハード面5項目　18/25	ソフト面5項目　16/25
01　企業理念（ミッション・ビジョン）	01　企業文化・企業風土
02　事業内容	02　活躍する先輩社員
03　売上・利益	03　（主に1年目の）仕事内容
04　成長戦略	04　成長環境
05　給与水準と評価制度	05　キャリア形成イメージ

この企業の場合、「共感度」は、**34/50**

一基準ですべての企業を横並びで評価するように注意してください。

次に、企業分析の「新卒に求める人材像・活躍する先輩社員の特徴」を使って、適合度を分類していきましょう。

これについては「新卒に求める人材像・活躍する先輩社員の特徴」について自分がまとめたものを読み返し、単純に自分にどれだけ当てはまるかを3つの基準で考えてみましょう。3つの基準とは「自分によく当てはまり、それを裏付ける強いエピソードがある」「自分によく当てはまるが、それを裏付けるエピソードは弱い」「そもそも自分に当てはまらない」です。前から順に、適合度「高」、適合度「中」、適合度「低」となります。

繰り返しになりますが、あなたが受けるべき企業は「共感度が相対的に高く、適合度が"高"または"中"の企業」です。

（ 自分の言葉で説明できるかチェック ）

□ 左下の図を見ながら、「『共感度』の算出・評価の方法」について説明できる？
□ 右下の図を見ながら、「『適合度』の評価の方法」について説明できる？

■「適合度」は3つの基準で分類しよう

自己分析の結果　＞　マッチング評価　＜　■ 新卒に求める人材像　■ 活躍する先輩社員の特徴

適合度

高 自分によく当てはまり、それを裏付ける強いエピソードがある

中 自分によく当てはまるが、それを裏付けるエピソードは弱い

低 そもそも自分に当てはまらない

STEP❾:接点創出「マッチング評価と志望動機」

「マッチング評価」の結果が志望動機になる

　次に、本選考で必ずと言っていいほど企業から聞かれることになる「志望動機」の作り方について解説していきます。**実は、本書の方法論で「マッチング評価」を行い、「受けるべき」と判断した企業に対しては、すでに志望動機の輪郭ができていると言っても過言ではありません。**マッチング評価の結果をどう志望動機に結びつけていくかという点を、詳しく説明していきます。

　まず「10項目」のうち、マッチング評価で共感度"5"または"4"をつけている項目がその企業の志望動機の中心になります。例えば、ハード面の「売上・利益」「給与水準・評価制度」、ソフト面の「活躍する先輩社員」「成長環境」で共感度"5"または"4"をつけていたとしたら、この4項目を中心に志望動機を組み立てていけばいいのです。この4項目について次に行うべきは**「なぜ"5"または"4"といった高い評価をつけたかという理由の言語化」**です。自分の中で感覚的に理解できていることでも、丁寧に言語化しなければ相手にその感覚を理解してもらえません。ここが最も大事な詰めの作業と言えます。

　自己分析の「将来ビジョン」を絡めたり、「同業他社のマッチング評価結果」と比べたり、「同一職種他社のマッチング評価結果」と比べたりし

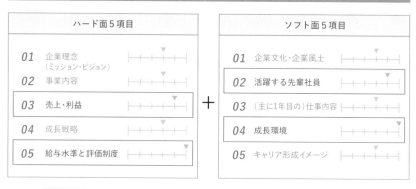

■ 共感度合いが高い項目（評価5や4）を志望動機にまとめよう

ハード面5項目	ソフト面5項目
01 企業理念（ミッション・ビジョン）	01 企業文化・企業風土
02 事業内容	02 活躍する先輩社員
03 売上・利益	03 （主に1年目の）仕事内容
04 成長戦略	04 成長環境
05 給与水準と評価制度	05 キャリア形成イメージ

志望動機 「私は、○○と○○の観点で御社に強く共感しています」

ながら、必ず説得力の高い共感理由の説明文を作ってください。

　次に「新卒に求める人物像・活躍する先輩社員の特徴」と自分の持っている特性の一致、そしてその特性を表すエピソードについてもダメ押しで添えていきましょう。最終的に「○○、○○、○○、○○の観点で御社に強く共感しているので私は御社と合っていると言えますし、御社の求める人材像もこの通り満たしており、活躍する先輩の特徴ともこのように似ているので私は御社で活躍できると言えます」という強い志望動機を完成させることができると思います。

　企業の採用担当者は「ミスマッチがないと言えるか」「活躍する見込みが高いか」を特に重視して見ていますので、この2点について強く主張できると、本選考を突破できる可能性が非常に高まると言えるでしょう。

自分の言葉で説明できるかチェック

- □ 左下の図を見ながら、「『共感度』の高い項目を志望動機に盛り込む方法」について説明できる？
- □ 右下の図を見ながら、「『適合度』の高い項目を志望動機に盛り込む方法」について説明できる？

■ 求める人材像や活躍社員像との一致する部分を志望動機にまとめよう

ある企業の新卒に求める人材像	ある企業の活躍する先輩社員の特徴
●目標達成意欲が強い	●物事を構造的に捉え説明できる
●ストレス耐性が高い	●コミュニケーション能力が高い
●論理的思考力がある	●ストレス耐性が高い
●リーダーシップ・統率力がある	●チームプレーを重視している
●仲間を思いやる姿勢がある	●業務以外からも積極的に学んでいる

志望動機 「私は、○○という点で御社の求める人材像を満たしています」

STEP ❾：接点創出「マッチング評価と志望動機」
「業界重視」派の志望動機の まとめ方

　Chapter 2-10-3「『マッチング評価』の結果が志望動機になる」のパートでも少し触れましたが、「業界」を決めて同じ業界内で**5社以上の企業分析をしてきた就活生は、自分が時間をかけて行ってきた「同業他社比較」を必ず志望動機の作り込みに活かしてもらいたいと思います。**

　仮に「人材業界」で7社企業分析し、マッチング評価をした結果、圧倒的に共感度が高く適合度が高い企業が2社あったとします。その2社の選考担当者から「なぜ当社を志望するのですか？」と聞かれた時に、必ず次の3点は入れてほしいのです。

❶ 人材業界内の企業間の違いを調べるために7社を丁寧に分析したということ（10の分析項目についても説明できるということ）

❷ 企業分析の結果と自己分析の結果のマッチングをした際に御社への共感度合いが圧倒的に高く、特に□□、□□、□□の部分で強く共感しているということ（□□については共感の理由も深く考えており説明できるということ）

❸ 御社の「新卒に求める人材像・活躍する先輩社員の特徴」も採用担当者にヒアリングして把握し、○○、○○などの点で自分も要件を満たしていると確信していること（○○についてはそれを裏付けるエピソードもあり説明できるということ）

　※当然ですが、2社でそれぞれ□□や○○に入る内容は異なります。

　この3点を示すことで、❶「業界内の企業分析をできる限り丁寧にやっていること（必要な行動をとった上で結論を出している）」、❷「自分の価値観と企業の価値観との整合性を十分確認していること（ミスマッチはないと言える）」、❸「自分の強みを活かせる自信があること（入社後十分活躍できる）」を、2社の採用担当者に感じさせることができるからです。

　志望動機において決定的に大事なのは、「御社がいいと思います」という弱い主張ではなく、「御社じゃないとダメなんです」という強い主張ができるかどうかです。業界内をできる限り見渡して、「上記理由で御社じ

ないとダメだと確信しています」と言える就活生はとても強いということを念頭に置いて、丁寧に志望動機の作り込みを行ってください。

　最後にもう一度言いますが、上記を参考に、**本書の方法論で業界を決めて、業界内で広く企業分析し、マッチング評価を行ったことを余すところなく志望動機に反映させるようにしてください**。それが他の就活生との圧倒的差別化につながり、選考突破の確率を大きく引き上げてくれるはずです。

> 自分の言葉で説明できるかチェック

□ 右下の図を見ながら、「『業界重視派』は『同業他社比較』を
志望動機に活かすべき理由」について説明できる？

■ 自分が行った「同業他社比較」を必ず志望動機に活かそう

「業界重視」派が志望動機で主張すべき3点

01　業界内の企業分析をできる限り丁寧にやっていること

02　自分の価値観と企業の価値観との整合性を
十分確認していること

03　自分の強みを活かせる自信があること

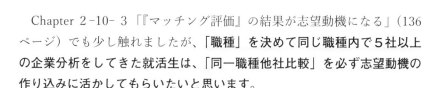

STEP ❾：接点創出「マッチング評価と志望動機」
「職種重視」派の志望動機の まとめ方

　Chapter 2-10-3「『マッチング評価』の結果が志望動機になる」（136ページ）でも少し触れましたが、「職種」を決めて同じ職種内で5社以上の企業分析をしてきた就活生は、「同一職種他社比較」を必ず志望動機の作り込みに活かしてもらいたいと思います。

　仮に「マーケティング」という職種で8社企業分析し、マッチング評価をした結果、圧倒的に共感度が高く適合度が高い企業が3社あったとします。その3社の採用担当者から「なぜ当社を志望するのですか？」と聞かれた時に、必ず次の3点は入れて答えてほしいのです。

❶ マーケティング職という職種で企業間の違いを調べるために8社を丁寧に分析したということ（10の分析項目についても説明できるということ）

❷ 「企業分析の結果」と「自己分析の結果」のマッチングをした際に御社への共感度合いが圧倒的に高く、特に□□、□□、□□の部分で強く共感しているということ（□□については共感の理由も深く考えており説明できるということ）

❸ 御社の「新卒に求める人材像・活躍する先輩社員の特徴」もヒアリングして把握し、○○、○○などの点で自分も満たしていると確信していること（○○についてはそれを裏付けるエピソードもあり説明できるということ）

　※当然ですが、3社でそれぞれ□□や○○に入る内容は異なります。

　この3点を示すことで、❶「同一職種での企業分析をできる限り丁寧にやっていること（必要な行動をとった上で結論を出している）」、❷「自分の価値観と企業の価値観との整合性を十分確認していること（ミスマッチはないと言える）」、❸「自分の強みを活かせる自信があること（入社後十分活躍できる）」を、3社の採用担当者に感じさせることができるからです。

　志望動機において決定的に大事なのは、「御社でこの職種をやりたいと

思います」という弱い主張ではなく、「この職種をやるなら御社じゃない
とダメなんです」という強い主張ができるかどうかです。同一職種で企業
をできる限り見て、「上記理由から、この職種をやるなら御社じゃないと
ダメだと確信しています」と言える就活生はとても強いということを念頭
に置いて丁寧に志望動機の作り込みを行ってください。

　最後にもう一度言いますが、上記を参考に、**本書の方法論で職種を決め
て、同一職種内で広く企業分析し、マッチング評価を行ったことを余すと
ころなく志望動機に反映させるようにしてください。**それが他の就活生と
の圧倒的差別化につながり、選考突破の確率を大きく引き上げてくれるは
ずです。

　　自分の言葉で説明できるかチェック

　　□　右下の図を見ながら、「『職種重視派』は『同一職種他社比較』
　　　　を志望動機に活かすべき理由」について説明できる？

■ 自分が行った「同一職種他社比較」を必ず志望動機に活かそう

「職種重視」派が志望動機で主張すべき3点

01　　同一職種での企業分析をできる限り丁寧にやっていること

02　　自分の価値観と企業の価値観との整合性を
　　　　十分確認していること

03　　自分の強みを活かせる自信があること

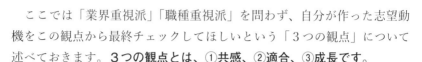

コラム
志望動機の最終確認で使いたい「3つの観点」

　ここでは「業界重視派」「職種重視派」を問わず、自分が作った志望動機をこの観点から最終チェックしてほしいという「3つの観点」について述べておきます。3つの観点とは、①共感、②適合、③成長です。

　左下の図を見てください。まず①共感の観点ですが、マッチング評価の結果を受けて、「その企業のどこが、なぜ好きなのか？」を盛り込むようにしてください。みなさんが恋愛で相手に告白する際には、必ず「相手のどこが、なぜ好きなのか？」を相手が理解できるように説明するはずなので、就活でも同じだと考えてください。次に、②適合の観点ですが、マッチング評価の結果を受けて、「自分がその企業で活躍できそうと考える理由」が力強く主張できているかをチェックしてください。最後に、③成長の観点ですが、「自分が求める成長がその企業にありそうと考える理由」が力強く主張できているかをチェックしてください。自分が求める成長については、キャリア戦略マップの将来ビジョンと、経験しておきたい職種やその他経験しておきたいことを踏まえて主張するようにしてください。

　少し視野を広げてみると、この志望動機の最終確認で使う「3つの観点」は、自分がその企業に所属して仕事を続けていく理由にもつながることがわかります。右下の図をみてください。これは、株式会社オリィ研究所

■ 志望動機の最終確認で使いたい「3つの観点」

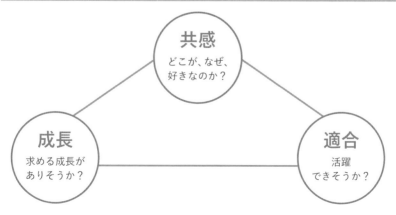

代表取締役CEOでロボットコミュニケーターの吉藤健太朗（吉藤オリィ）氏が、親友で秘書の番田雄太氏と共同で考案した「オリィ＆番田の自信5段階説」の解説です。自信5段階説では、コミュニティに属して、健全な状態でワクワクしながら活動していくためには下記の5段階が重要であると定義しています。この定義には私もなるほどと感心させられることが多く、これから社会に出る就活生のみなさんにとっても非常に有益な内容だと思います。

　私自身、この自信5段階説を見ながら、「3つの観点」は①共感→②適合→③成長の順で大切なのだということを再認識しました。みなさんは志望動機に盛り込む3つの観点＝「自分がその企業で働き続ける意味」と解釈して、自身の志望動機の構築に向き合ってください。

自分の言葉で説明できるかチェック

□ 左下の図を見ながら、「志望動機の最終確認で使いたい『3つの観点』」について説明できる？
□ 右下の図を見ながら、「自信5段階説に当てはめた『共感』『適合』『成長』」について説明できる？

■ 自信5段階説に当てはめた「共感」「適合」「成長」

成長	自信	⑤ 挑戦し、成果を収める　それを繰り返すことで徐々に確固たるものとなる
	挑戦意欲	④ 更にステップアップする為の向上意欲　これまでの自分を試す挑戦
適合	自己肯定感	③ コミュニティ内で頼られる存在になる　「自分は必要な人間じゃない」と思わなくなる
	自己有用感	② コミュニティ内で何かしら役割を得る　「自分は誰かの役に立っている」という自覚
共感	コミュニティ所属	① 自分と気の合う人と出会い、組織、コミュニティへ所属する

※「寝たきりの親友と話していた『自信』に対する考察」（https://note.com/ory/n/n19258c76d1fa）を基に作成

143

Chapter 2
まとめ

2-1

- Chapter 2 では、「近未来分析」2 ステップ、「自己分析」3 ステップ、「企業分析」3 ステップ、「接点の創出」1 ステップの合計 9 つのステップで、誰でも自分に合う企業が探し出せる方法論を解説している。「近未来分析」「自己分析」「企業分析」の 3 つ分析を本書の方法論でしっかりやれば、どれだけ簡単に自分に合う企業が探し出せるのか実感できるはずだ。

2-2

- 「未来の働き方」をなぜ、就活生のうちに深く考える必要があるのか？それは、みなさんが将来「オワコン化」するのを防ぐためだ。これから働き方が大きく変わり、自立した個人がそれぞれの得意分野で複数のプロジェクトにかかわるように働く時代が来るので、読者のみなさんにはその時代が来てもしっかり価値が出せるように正しいファーストキャリアを選択し、連続スペシャリストになって個人力を上げていく道を進んでほしい。

2-3

- 「未来の企業の姿」をなぜ今、就活生のうちに深く考える必要があるのか？　それは、みなさんが将来「オワコン化」する企業に就職するのを防ぐためだ。日本のほぼすべての産業でデジタル・ディスラプションが起こり、AI の社会実装が加速する中、企業の DX は不可避となるので、読者のみなさんにはできるだけ、社会人からの情報も得て、目利きした DX 先進企業に就職し、デジタル技術の進化がもたらす「変化の先頭集団」に属してキャリアを形成していってほしい。

2-4

- 自己分析のアウトプットゴールの 1 つが「成長見える化シート（2 枚）」

の作成だ。「成長見える化シート」については、まずは小学校時代から現在までの自分の成長をすべて見える化したシートを作成し、その上で、成長インパクトが「特大」と「大」のものについては、成長ポイントをさらに深掘りしたシートを作成する。

2-5

● 自己分析のアウトプットゴールの1つが「自分の特徴シート（強み、弱み、人間性・性格)」の作成だ。「自分の特徴シート」については、強みと弱みをそれぞれ5つずつと、人間性・性格についても5つずつピックアップし、「見出し」「説明文」「具体例」の3点セットで整理しておく。

2-6

● 自己分析のアウトプットゴールの1つが「キャリア戦略マップ」の作成だ。「キャリア戦略マップ」は、「将来ビジョンの決定」と「業界・職種の絞り込みと企業選定」に取り組むことで、「積み上げ」ではなく「逆算」でキャリア戦略を考えられるように設計されている。何年でどんな姿を目指すのかを宣言し、それに向けてどんな業界・職種のどんな企業を分析していくのかを決めていく。ポイントは、業界や職種の絞り込みをできるだけ早期に済ませ、本選考までの「企業分析」の時間を長めにとれるようにすることだ。

2-7

● 企業分析（本番）を有意義なものにするためには、公開情報による企業分析（予習）が必要だ。企業分析（予習）では「新卒採用サイトを用いた5項目（①社長メッセージ・人事責任者メッセージ、②募集職種・募集人数、③活躍する先輩社員、④会社説明会・インターン等選考情報、⑤新卒採用に関する問い合わせ先)」の整理と「企業サイトを用いた5項目（①代表者（社長）メッセージ、②企業理念（ミッション・ビジョン)、③経営陣（取締役・執行役員)、④事業内容（サービス紹介・プロダクト紹介)、⑤サービス（プロダクト）に関するウェブサイト・アプリ)」の整理を行う。

●企業分析のアウトプットゴールの1つが「企業分析（本番）10項目」の完成だ。企業分析（本番）ではハード面5項目、ソフト面5項目の10項目を取材し、まとめ上げる必要がある。ハード面5項目とは、①企業理念（ミッション・ビジョン）、②事業内容、③売上・利益、④成長戦略、⑤給与水準と評価制度のことである。ソフト面5項目とは、①企業文化・企業風土、②活躍する先輩社員、③（主に1年目の）仕事内容、④成長環境、⑤キャリア形成イメージのことである。企業分析（本番）の10項目の中では、ハード面5項目よりもソフト面5項目のほうがまとめるのが難しい。ソフト面5項目をしっかりまとめきるためにも、大前提として会社説明会などでの質問を恐れないことが重要だ。何度も会社説明会に参加しながら、自分の「（質問力も含む）インタビュースキル」と「（聞いた情報をまとめる）情報編集力」を高めていく必要がある。

●企業分析のアウトプットゴールの1つが「『新卒に求める人材像・活躍する先輩社員の特徴』をまとめきること」だ。就活生のみなさんは本番10項目を企業別に比較し、相対的に共感度が高い企業については本選考にチャレンジしていくことになる。本選考を勝ち抜いていくためには、企業に共感を示すだけでは不十分だ。新卒に求める人材像に合致しているということや、活躍する先輩社員の持つ資質をすでに備えていることをアピールしていく必要がある。このことを十分理解して、新卒に求める人材像と活躍する先輩社員の特徴についてはできるだけ具体的に聞き出し、まとめきるようにする。

●「マッチング評価」では、自己分析の結果と企業分析の結果を踏まえて、その企業の本選考を「受けるべきか」「受けるべきではないか」を判断していく。企業分析の結果の「10項目」は共感度評価に、「新卒に求める人材像・活躍する先輩社員の特徴」は適合度評価に、それぞれ活用していく。共感度と適合度の意味合いについては、共感度は「その企業と

価値観が合っている度合い」を表しており、適合度は「その企業の求める人材に適している度合い」を表している。「共感度が高く、適合度も高い企業」と「共感度が高く、適合度が普通の企業」が本選考を受けるべき対象企業になる。志望動機をまとめる際には、「業界重視」派の人は「同業他社比較」の結果を、「職種重視」派の人は「同一職種他社比較」の結果を、反映させるべきだ。最終的には志望動機のチェックには、①共感、②適合、③成長の３つの観点を用いるといい。「志望動機に盛り込む３つの観点」＝「自分がその企業で働き続ける意味」と解釈して、自身の志望動機の構築に向き合ってほしい。

Chapter 3

戦略②：突破する戦略

「ES攻略編」
「面接攻略編」
「GD・インターン攻略編」
で志望企業の選考を突破
できる

この Chapter で学ぶこと

ES攻略編	面接攻略編	GD・インターン攻略編

【対策1】ルールを知る

【対策2】準備をする

【対策3】作法を守る

「3つの対策」で、志望企業の選考を突破する
入社後活躍しやすい人の特徴

Chapter 3 では、ES攻略編、面接攻略編、GD・インターン攻略編に分けて、それぞれ「ルールを知る」「準備をする」「作法を守る」という3つの対策を伝授していきます。ここでは3つの対策の中身に入る前に、**なぜ企業の選考がES、面接、GD・インターンなどの手段で行われるのか、それぞれの選考で何が見られているのかについて一緒に考えてみましょう。**

Chapter 2 の自己分析のパートでも説明しましたが、新卒採用はポテンシャル採用だと言われており、**企業は、みなさんが「社会人になって数年後に自社でどれだけ活躍する人材になりそうか」、つまり、みなさんの成長可能性を選考プロセスで見極めています。**

では社会人になって活躍する人にはどんな特徴があるのでしょうか? これは一概には言えませんが、**「自分で企画・提案・承認プロセスを回し、実行して成果が出せる人」**だと私は思います。この「企画・提案・承認のプロセス」は、実は将来どんな職種のどんな仕事をするときも必要になってくる社会人としての共通スキルだからです。みなさんが営業の仕事をするときも、マーケティングの仕事をするときも、新規事業開発の仕事をするときも、「企画・提案・承認プロセス」をぐるぐる回しながらプロジェクトを推進していくことになります。

■ 入社後どんな仕事にも「企画」「提案」「承認」が必要だ

営業	マーケティング	人事	商品企画	システム開発	経営企画	新規事業開発	…

共通スキル　　「企画・提案・承認プロセス」を回す力

みなさんは入社後、まずは1つの職種からスタートし、その後社内異動や転職を繰り返して様々な職種を経験していくことになると思います。みなさんの中には、将来仕事で成果を出して昇進したり、どんどん大きなプロジェクトにアサインされたり、自らプロジェクトを生み出したりして「仕事を通じて自己実現していこう」という欲求の強い人が多いのではないでしょうか。

この「企画・提案・承認のプロセス」は、仕事で自己実現するための必須スキルと言っても過言ではありません。このスキルを駆使しながら、様々なビジネスパーソンが企業で活躍しているのです。

勘のいい就活生のみなさんはすでにお気づきかもしれませんが、**企業はES、面接、GD・インターンという選考を通じて、その学生が「企画・提案・承認プロセスを回す力がありそうか」を見ています。つまり、「自分は企画・提案・承認プロセスを回す力がある」ことをアピールできれば、選考突破に近づくことになるのです。**

自分の言葉で説明できるかチェック

□ 左下の図を見ながら、「共通スキルとしての『企画・提案・承認プロセス』を回す力」について説明できる？
□ 右下の図を見ながら、「『企画・提案・承認プロセス』を回す力を駆使した企業内での自己実現」について説明できる？

■ 様々な企画を提案し承認を取れる人材が、企業で活躍している

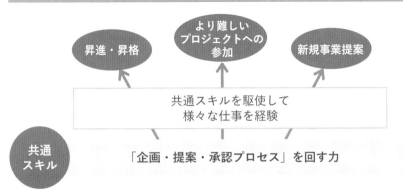

「3つの対策」で、志望企業の選考を突破する
就活の選考は自分の価値を企業に認めてもらう場

　企業が新卒採用の各選考で「企画・提案・承認のプロセスを回す力がありそうか」を見ていることは理解できたと思いますので、ここではもう少し詳しく、どのようにその力の有無を企業が判断しているのかについて解説したいと思います。

　企業はES、面接、GD・インターンといった選考を通じて、様々な「お題」を就活生のみなさんに出し、その「お題」に沿った自己表現（アウトプット）を求めます。例えば、みなさんがESや面接で「ガクチカ」（学生時代に最も力を入れたこと）や志望動機を聞かれたり、GDでその企業の売上を伸ばす方法を考えさせられたり、インターンでその企業の新規事業の立案を求められたりするのはその一例です。就活生のみなさんは、この様々な「お題」に対するアウトプットを通じて自分に「企画・提案・承認のプロセスを回す力がある」ことを企業に認めてもらう必要があります。

　新卒の就活の選考は言い換えるならば、「その企業にとっての自分自身の価値を企画し、ES、面接、GD・インターンといった選考でそれを提案し、企業担当者の承認を得られるかどうかの勝負」です。もっと具体的に言えば、「私は御社にとって価値があり、採用すべき人材です」と主張し、「確かに、あなたは当社にとって価値がありそうなので採用します」と言って

■ 選考は「自分の価値を企業に企画・提案し、承認を得る」場だ

私は御社にとって価値があり、
　採用すべき人材です！

その企業にとっての自分の価値　企画　提案　承認

確かに、あなたは当社にとって価値がありそうなので採用します！

もらえるかの戦いです。

　この勝負に勝つために絶対に理解しておいてほしいことが1つあります。それは、選考中は常に「相思相愛の確認」を重視し続けるということです。選考は、付き合うまでの恋愛や婚活と似ており、自分の意思だけでは完結しないものです。つまり、相手の意思も確認し、自分の意思と相手の意思が一致すること（相思相愛であること）を確認して、はじめて成就するものです。

　今まで1万人以上もの就活生を見てきた経験からアドバイスします。この「相思相愛の確認」をすべての選考で意識できた就活生は、独りよがりな主張をする就活生や、とにかく企業の条件に合わせようとする就活生に比べて圧倒的に選考突破の確率が高まってきます。すべての選考で「機会があれば相思相愛の確認をする」ことを忘れずに、本書の方法論に従って選考突破のための対策を進めてください。

自分の言葉で説明できるかチェック

☐ 左下の図を見ながら、「選考は『自分の価値を企業に企画・提案し、承認を得る』場である理由」について説明できる？
☐ 右下の図を見ながら、「選考突破のポイントが『相思相愛の確認』である理由」について説明できる？

■ 選考突破のポイントは「相思相愛の確認」だ

各選考で
聞かれたこと、求められたことに
とにかく答えよう……

すべての選考で自分と企業とが
相思相愛であることを伝えよう‼

Chapter 3
1-3

「3つの対策」で、志望企業の選考を突破する

ルールを知り、準備し、作法を守ることがすべて

　自分の志望企業の選考がES、面接、GD・インターンなどを通じて行われることは知っているものの、具体的にどのように対策したらいいのかわからない就活生が多いのではないでしょうか？　本書では、ES、面接、GD・インターンの3つの選考について、それぞれ「ルールを知る」「準備する」「作法を守る」という3つの対策を伝授します。

　1つ目のES攻略編では、「ルールを知る」のパートでこれは絶対NGという「何も感じさせないES」を紹介し、合格の3大ポイントである「論理性、熱意、存在感」について解説します。また「準備をする」のパートでは、3C分析（158、159ページで解説）を用いて「自己分析と企業分析の結果を整理する方法」や「ライバル就活生との差別化をする方法」を説明します。そして「作法を守る」のパートでは、ESの合否の分かれ目となる「設問の意図の理解」と「伝わる文章」について解説します。

　2つ目の面接攻略編では、「ルールを知る」のパートでこれは絶対NGという「相思相愛の確認をしない面接」を紹介し、合格の3大ポイントである「コミュニケーション能力、フィット感、覚悟・本気度」について解説します。また「準備をする」のパートでは、3C分析を用いて、「自己分析と企業分析の結果を整理する方法」や「ライバル就活生との差別化を

■ 3つの対策＝「ルールを知る」「準備をする」「作法を守る」

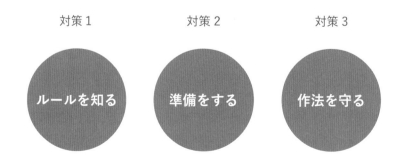

対策1　　　　　対策2　　　　　対策3

ルールを知る　　準備をする　　作法を守る

する方法」を説明します。そして「作法を守る」のパートでは、面接の合否の分かれ目となる「非言語コミュニケーション（NVC）」と「設問の意図の理解と適切な回答」について解説します。

　3つ目のGD・インターン攻略編では、「ルールを知る」のパートでこれは絶対NGという「定石を理解せずに参加するGD・インターン」を紹介し、合格の3大ポイントである「コミュニケーション能力、リーダーシップ、アウトプット貢献」について解説します。また「準備をする」のパートでは、「課題解決型GDと事業提案型GDの進め方の定石」や「役割ごとの注意点の把握」について説明します。そして「作法を守る」のパートでは、GD・インターンの合否の分かれ目となる「場の理解と適切な振る舞い」と「アウトプットへの貢献」について解説します。

　ES、面接、GD・インターンといった選考別に「ルールを知る」「準備をする」「作法を守る」の3つの対策を本書の方法論でしっかりやれば、どれだけ簡単に自分の志望企業の選考を突破できるのか実感していただけると思います。

自分の言葉で説明できるかチェック

☐ 左下の図を見ながら、「『3つの対策』の概要」について説明できる？
☐ 右下の図を見ながら、「『3つの対策』の詳細」について説明できる？

■「3つの対策」で、志望企業の選考を突破できる！

	ES攻略	面接攻略	GD・インターン攻略
【対策1】 ルールを知る	■ これは絶対NG!! ■ 合格の3大ポイント	■ これは絶対NG!! ■ 合格の3大ポイント	■ これは絶対NG!! ■ 合格の3大ポイント
【対策2】 準備をする	■ 自己分析＆企業分析 ■ 他者との差別化	■ 自己分析＆企業分析 ■ 他者との差別化	■ 定石の理解 ■ 役割ごとの注意点の把握
【対策3】 作法を守る	■ 設問意図の理解 ■ 伝わる文章	■ 非言語的コミュニケーション（NVC） ■ 質問意図の理解と適切な回答	■ 場の理解と適切な振る舞い ■ アウトプットへの貢献

「3つの対策」で、志望企業の選考を突破する

「準備をする」ことが何よりも重要

　本書が提示する3つの対策の中でも圧倒的に重要なのが、【対策2】「準備をする」です。

　私がもし「新卒の就活で選考突破できるかできないかで一番差がつくポイントは何ですか?」と問われたら、「準備にどれだけ力を入れたかです」と即答します。多くの就活生はこの質問の答えとして「地頭力」や「センス」や「企業との相性」などを想像したかもしれませんが、間違いなく「徹底的に必要な準備をしたかどうか」が一番大きな影響を与えると、私は思います。

　そもそも新卒の就活の選考は、言い換えるならば、「その企業にとっての自分自身の価値を企画し、ES、面接、GD・インターンといった選考プロセスでそれを提案し、企業担当者の承認を得られるかどうかの勝負」と言えると解説しました。この勝負は、売り込む商材が商品やサービスではなく、たまたま自分に置き換わっただけで、本質的には「営業」の仕事に似ていると言えるのではないでしょうか?　営業は、簡単に言えば、自社の取り扱う商品やサービスを必要なお客様に企画・提案し、承認を得る(買っていただく)という仕事です。営業の仕事をする上で、一番大事なポイントは「自社商品を知り、お客様のニーズを知り、自社商品でお客様

■ ESも面接もGD・インターンも「準備をする」ことが最重要

	ES攻略	面接攻略	GD・インターン攻略
【対策1】 ルールを知る	■ これは絶対NG!! ■ 合格の3大ポイント	■ これは絶対NG!! ■ 合格の3大ポイント	■ これは絶対NG!! ■ 合格の3大ポイント
【対策2】 準備をする	■ 自己分析&企業分析 ■ 他者との差別化	■ 自己分析&企業分析 ■ 他者との差別化	■ 定石の理解 ■ 役割ごとの注意点の把握
【対策3】 作法を守る	■ 設問意図の理解 ■ 伝わる文章	■ 非言語的コミュニケーション 　(NVC) ■ 質問意図の理解と適切な回答	■ 場の理解と適切な振る舞い ■ アウトプットへの貢献

最重要!!

のニーズが満たされることを営業資料に落とし込み、プレゼンの練習をして丁寧に提案すること」です。それで、ようやくお客様は「買うかどうかの意思決定をしよう」と真剣に考えてくれます。**徹底的な準備が伝わって、はじめてお客様の心が動くのです。**ここでもし、営業担当者が手抜きをして、自社商品のことを知らなかったり、お客様のニーズを知らなかったり、資料が拙かったり、プレゼン練習不足だったりすると、お客様は「この人から買おう」と思ってくださるでしょうか？　答えはNOでしょう。たまたま営業という仕事にたとえましたが、**新卒の就活でも、いかに準備が大切かがわかっていただけたのではないでしょうか？**

　最後に「最高の準備」をすることのメリットを述べておきます。それは、**本番で「余裕」が生まれ、圧倒的に他の就活生と差別化できるということ**です。相手は自分のことをよく見ています。まして企業の採用担当者は、人を見ることが仕事なのでなおさらです。ほとんどの就活生が準備不足で余裕のない状態で選考を受けているなか、本書を読んだ就活生には最高の準備をして余裕のある状態で選考に臨んでもらいたいと思います。

自分の言葉で説明できるかチェック

□ 左下の図を見ながら、「【対策２】『準備をする』の重要性」について説明できる？

□ 右下の図を見ながら、「最高の準備をすれば本番で『余裕』が生まれる理由」について説明できる？

■ ESも面接もGD・インターンも「最高の準備」が「余裕」を生む

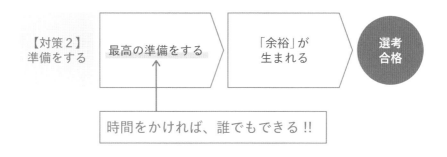

コラム
就活に応用できる「3C分析」のフレームワーク

　ここではES攻略編と面接攻略編の【対策2】「準備をする」でそれぞれ登場する3C分析のフレームワークについて解説します。

　経済学部や経営学部に在籍する就活生の中にはすでに知っている方もいるかもしれませんが、3C分析のフレームワークは「企業が自社の状況をふまえて外部環境や競合の状況から事業の成功要因を導き、事業を成功に導くために用いられるもの」です。左下の図を見てください。3CはCompany（自社）、Customer（顧客）、Competitor（ライバル企業）の頭文字を表しています。企業が自社の事業を成功に導くために、「自社商品とライバル企業商品との違いを明確にして（差別化）、ライバル企業商品よりも顧客から支持を得られる戦略を考える」のがこの3C分析のゴールになります。

　本書では、ビジネスの現場で用いられる3C分析のフレームワークをみなさんの就職活動に応用し、就活生のみなさんが就活で3C分析を活用できるようになることを推奨しています。本来の3C分析の目的である「自社商品とライバル企業商品との違いを明確にして（差別化）、ライバル企業商品よりも顧客から支持を得られる戦略を考える」ことを就活用にアレンジし、**「自分とライバル就活生との違いを明確にして（差別化）、ライバ**

■ **企業の「差別化戦略」を考える3C分析のフレームワーク**

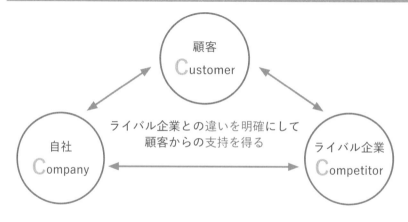

顧客
Customer

ライバル企業との違いを明確にして
顧客からの支持を得る

自社
Company

ライバル企業
Competitor

ル就活生よりも志望企業から支持を得られる戦略を考える」ためにぜひ活用してほしいと思います。

　すでに何度もお伝えしているように**新卒の就職活動では、①「自分と企業との相思相愛を確認」**しながら、**②「企業にその他大勢の就活生よりも自分を選ぶべきだということを強くアピール」**していく必要があります。この３Ｃ分析のフレームワークを活用して深く考えていくことで、上記①②を満たす自己ＰＲが可能になります。①については、自己分析の結果と企業分析の結果をマッチングさせて「自分がいかにその企業に共感しており、その企業に適合しているか」を示していく方法を解説します。②については、「自分は、その企業を志望するライバル学生よりも○○の点において圧倒的に秀でている自信がある」と断言する方法を解説します。

　ES攻略編、面接攻略編の【対策２】「準備をする」の内容を深く理解するためにも、３Ｃ分析の基本をつかみ、就活への転用可能性についても理解しておいてください。

┌─ 自分の言葉で説明できるかチェック ─────────────────

　□ 左下の図を見ながら、「企業の『差別化戦略』を考える３Ｃ分析のフレームワーク」について説明できる？
　□ 右下の図を見ながら、「就活生の『差別化戦略』を考える３Ｃ分析のフレームワーク」について説明できる？

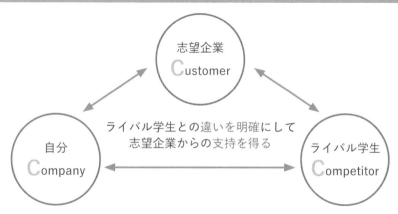

■ 就活生の「差別化戦略」を考える３Ｃ分析のフレームワーク

志望企業
Customer

自分
Company

ライバル学生
Competitor

ライバル学生との違いを明確にして
志望企業からの支持を得る

コラム
就活の選考で求められる
３大能力を鍛える

　ここでは、本書の３つの対策をより有意義なものにするために「就活生の地力を上げる」参考書籍を６冊紹介します。

　115ページの図でも示したように、**私は、就活で必要な力は主に３つあると考えています。それは「思考力」「言語化力」「伝達力」です。** この３つの力を強化することで本書の対策がより有効になってきますので、時間がある就活生はぜひ６冊を読破し、就活の地力を向上させてください。

　まずは、「思考力」についてです。**就活で必要な「思考力」は、①具体と抽象を行き来する力と、②論理的思考力です。** まず１冊目として『賢さをつくる　頭はよくなる。よくなりたければ。』（谷川祐基著、CCCメディアハウス）を、次に２冊目として『ロジカル・プレゼンテーション――自分の考えを効果的に伝える戦略コンサルタントの「提案の技術」』（高田貴久著、英治出版)」をそれぞれ推奨します。

　次に「言語化力」についてです。**就活で必要な「言語化力」は、①自分のことを最適な言語で表現する力と、②他者と自分との違いを言語で表現する力です。** まず１冊目として『「言葉にできる」は武器になる。』（梅田悟司著、日本経済新聞出版）、次に２冊目として『書くのがしんどい』（竹村俊助著、PHP研究所）をそれぞれ推奨します。

■ 就活で最低限必要な思考力・言語化力・伝達力を学ぶ３冊

思考力１冊目	言語化力１冊目	伝達力１冊目

「『具体』と『抽象』の使い分け」について理解できる	「内なる言葉の言語化の手法」が理解できる	「最低限の情報をシンプルに伝える手法」が理解できる

最後に「伝達力」についてです。**就活で必要な「伝達力」は、①結論から伝える力と、②シンプルな論理構成で伝える力と、③できるだけ簡単な言葉で伝える力と、④できるだけ簡潔に伝える力です。**まず1冊目として『一生モノの伝え方が身につく 説明の技術』（石田一洋著、総合法令出版）を、次に2冊目として『1分で話せ　世界のトップが絶賛した大事なことだけシンプルに伝える技術』（伊藤羊一著、SBクリエイティブ）をそれぞれ推奨します。

　本書で就活を進める就活生全員に、1冊目としておすすめした3冊を読んでほしいというのが本音です。この3冊を読んだ上で本書の対策に取り組むことで、選考突破の確率が飛躍的に高まると考えるからです。また、ライバルに差をつけたい就活生や圧倒的存在感を見せつけてTOP内定を獲得したい就活生は、ぜひ2冊目として紹介した3冊も読んでみてください。これら6冊の本は、社会人になってから仕事をする際にも役に立つものなので、社会人1年目にスタートダッシュを切りたい就活生は、内定者時代に読み込むのもオススメです。

> 自分の言葉で説明できるかチェック

- ☐ 左下の図を見ながら、「就活で最低限必要な『思考力』『言語化力』『伝達力』を学ぶ3冊」について説明できる？
- ☐ 右下の図を見ながら、「ライバルに差をつける『思考力』『言語化力』『伝達力』を学ぶ3冊」について説明できる？

■ライバルに差をつける思考力・言語化力・伝達力を学ぶ3冊

思考力2冊目	言語化力2冊目	伝達力2冊目

「論理的思考力」について理解できる	「わかりやすく面白い文章を書く方法」が理解できる	「話を1分にまとめ人の心を動かす方法」が理解できる

Chapter 3 2-1

ES攻略編【対策1】ルールを知る❶

「何も感じさせないES」は 絶対NG

ここからは、ES攻略編に入ります。私の経験上、「ESが全く通りません」と嘆いていた学生の多くが、コツを知って必要なトレーニングを積めば、「ほとんどの企業のESは通過するようになりました」と良い意味で変貌を遂げています。ES攻略編では、そのコツを余すところなく読者のみなさんに伝えていこうと思います。

1つ目の対策「ESのルールを知る」から一緒に見ていきましょう。まず「ESのルールを知る」の冒頭で就活生のみなさんに伝えたいのは、「(ESを評価する企業担当者に) 何も感じさせない凡庸なES」を機械的、作業的に書き続けないようにするということです。これが、ES作成における絶対NGポイントです。少し厳しいようですが、「何も感じさせない凡庸なES」を書き続けてはダメなのだと肝に銘じてください。

左下の図を見てください。仮に、ある企業で20%が合格し80%が不合格となるES選考を実施しているとしましょう。不合格となるESに注目してください。実は「絶対に面接に呼びたくない」と思うESは5%と少なく、大半が「(ESの評価をする企業担当者にとって) 何とも思わないES」になっているのです。逆に合格者に注目すると、「絶対に面接に呼びたい」「気になるから面接に呼んでみたい」と評価者の心を動かすことに成功し

■ 実は不合格になるESの大半は「何も感じさせないES」

※20%が合格し、80%が不合格となるES選考の例

| ES合格 20% | 絶対に面接に呼びたい！ | 5% |
| | 少し気になるから面接に呼んでみたい | 15% |

| ES不合格 80% | 何とも思わない‥‥‥‥ | 75% |
| | 絶対に面接に呼びたくない‥‥‥‥ | 5% |

ています。やはり、ES選考においては「ESを評価する企業担当者の心を動かす印象的なESが書けるか」ということが大事なポイントになってくるのです。

　では、大半の就活生が「不合格になるES」を機械的、作業的に書き続けてしまうのはなぜでしょうか?

　右下の図を見てください。まず1つは、ESのルールを知らないまま書いてしまっているからです。もう1つは、ES作成に必要な準備をせずに書いてしまっているからです。そして最後の1つは、ES作成の作法を守らずに書いてしまっているからです。

　ここでは、「何も感じさせない凡庸なESは今後、絶対書かない」と心に決めていただき、「企業の求める合格水準のES」を書くためにもES攻略編の「3つの対策」を強く意識して、ES作成に向き合っていくと約束していただければと思います。

┌─ 自分の言葉で説明できるかチェック ──

　□ 左下の図を見ながら、「『不合格になるES』の傾向」について
　　説明できる?
　□ 右下の図を見ながら、「なぜ多くの就活生が『不合格になる
　　ES』を書き続けてしまうのか」について説明できる?

■ なぜ「不合格になるES」を提出し続けてしまうのか?

ESのルールを知らない	ESの準備をしていない	ESの作法を守っていない
対策1	対策2	対策3
ESのルールを知る	ESの準備をする	ESの作法を守る
(3-2-1、3-2-2)	(3-2-3、3-2-4)	(3-2-5、3-2-6)

Chapter 3
2-2

ES攻略編【対策1】ルールを知る❷
「論理性」「熱意」「存在感」の あるESに仕上げる

　次に、ES攻略の大前提となる「ES合格の3大ポイント」について解説していきます。**ES合格に必要な要素を3つに絞って挙げるとすると、1つ目に「論理性」、2つ目に「熱意」、3つ目に「存在感」を挙げます。この3つの要素をすべて兼ね備えて、はじめて合格ラインのESになると考えてください。**

　まず1つ目の「論理性」についてですが、これには2つの意味があります。1つは「ESのそれぞれの設問に対して論理的に正しい回答ができているかどうか」という意味です。ここでは、設問で問われていることに"結論ファースト"でビシッと答えられているかが重要です。そして、もう1つは「回答の文章自体が論理的にわかりやすい文章になっているかどうか」です。ここでは、「話が飛んでいないか」や「話に抜け漏れがないか」の確認が重要です。

　次に、2つ目の「熱意」についてですが、これはズバリ「その企業に入りたいという熱意（あるいは、面接などの、その企業の次の選考に自分を呼んでほしいという熱意）が伝わるかどうか」です。意外に思われるかもしれませんが、熱意を伝えるために「○○の理由で、御社は私を絶対に面接に呼ぶべきです」と言い切ることができているESは少ないのです。

■「ES合格の3大ポイント」を押さえたESになっているか？

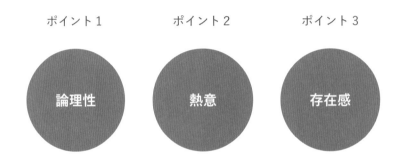

ポイント1　　　　ポイント2　　　　ポイント3

論理性　　　　　　熱意　　　　　　　存在感

そして、3つ目の「存在感」についてですが、これは「数千件、数万件あるESの中で、ESを評価する企業担当者に『この人は面白いな』と思わせる工夫があるかどうか、いい意味で目立つ（目を引く）部分があるかどうか」です。「今回の自分のESは、この点で抜群の存在感を示せている」と言い切れるくらいにまで、どの設問の回答でどのように自分の存在感を示すかを考え抜いてESを書くようにしてください。

ここで右下の図を見てください。冒頭でも述べたように、3つの要素をすべて兼ね備えて、はじめて合格ラインのESになります。そう考えた時に、現時点のあなたの苦手要素はこの3つのうちどれでしょうか？　苦手要素に関しては意識的に訓練しないと強化できません。**自分でESを書く時に強烈に意識するのはもちろん、友人や先輩にESを添削してもらう時にも、「この要素が苦手なのでここを重点的に見てアドバイスください」と伝えて、3つの要素が十分満たされているESを作成して企業に提出するように努力してください。**

自分の言葉で説明できるかチェック

□ 左下の図を見ながら、「ES合格の3大ポイント」について説明できる？
□ 右下の図を見ながら、「『ES合格の3大ポイント』のうち、自分の弱点把握の重要性」について説明できる？

■「ES合格の3大ポイント」のうち、自分の弱点を把握しよう

ES攻略編【対策2】準備をする❶
「自己分析」と「企業分析」を
やりきる

　ここからはES攻略編の【対策2】「ESの準備をする」に入ります。Chapter 3−1−4（156ページ）でも述べたように**【対策2】「ESの準備をする」がES攻略のための3つの対策の中で最重要となります**ので、そのつもりでしっかり理解を深めてください。また、【対策2】「ESの準備をする」では、3C分析のフレームワークを活用しますので、なじみのない人はChapter 3−1−5（158ページ）に必ず目を通した上で、このページを読み進めるようにしてください。

　ES攻略のための準備の1つ目は「自己分析と企業分析を徹底的にする」ことです。断言しますが、このプロセスをないがしろにするとES通過の確率はガクンと下がってしまいます。では、ES通過のための自己分析と企業分析のポイントはどこにあるのでしょうか？

　答えは、右下図のように、「自己分析と企業分析の結果から、共感度が高いことと適合度が高いことを示す」ことです。Chapter 2−10−3（136ページ）のマッチング評価のページでも述べましたが、企業の選考担当者は「ミスマッチがないと言えるか」と「活躍する見込みが高いか」を採用時に特に気にしています。**共感度が高いことを示すことで「私は御社とマッチしている人材です」と主張し、適合度が高いことを示すことで「私**

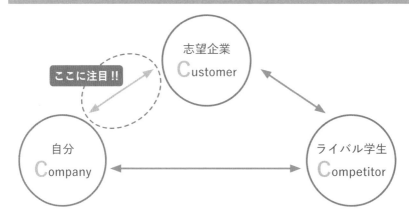

■ なぜ、その企業と自分はマッチしていると言えるのか？

は御社で活躍する見込みが高い人材です」と主張することがポイントです。この2つをうまく主張しながら、「私と御社とは相思相愛の関係です」とアピールできるようにしておきましょう。

　ESでは、企業の用意した設問に論理的に答えるのが第1優先事項なので、設問に答えながら上記のすべてを主張するのは難しいかもしれません。重要なのは「設問への回答を通じて、『十分に自己分析と企業分析をした上でES作成に取り組んでいるな』と企業担当者に感じさせることができているか」に尽きます。

　ES攻略編の【対策1】「ESのルールを知る」でも述べた通り、合格するESの3大ポイントは「論理性」「熱意」「存在感」です。いきなりES作成に取り掛かりたい気持ちはわかりますが、「急がば回れ」だと思って、まずはChapter 2の自己分析と企業分析をやり切ってください。そして、自己分析と企業分析を十分にやった上で、ES作成に取り組んでいることが伝わるESを書き、「論理性」「熱意」「存在感」を存分に示すESを書いてください。

> 自分の言葉で説明できるかチェック
>
> ☐ 左下の図を見ながら、「自分と志望企業との『相思相愛』を確認する重要性」について説明できる？
> ☐ 右下の図を見ながら、「『共感度』と『適合度』の高さをアピールする重要性」について説明できる？

■「共感度」と「適合度」の高さをアピールしよう

「共感度」が高いことをアピール
「適合度」が高いことをアピール
⇒「私と御社とは間違いなく相思相愛です」

ES

自己分析の結果　　　共感度 高　　　企業分析の結果
適合度 高

ES攻略編【対策2】準備をする❷
「他者との差別化ポイント」を明確にする

　Chapter 3-1-5（158ページ）の3C分析のフレームワーク活用でも述べましたが、新卒の就職活動では、①「自分と企業との相思相愛を確認」しながら、②「企業にその他大勢の就活生よりも自分を選ぶべきだということを強くアピール」していく必要があります。Chapter 3-2-3では自己分析と企業分析をして①を満たしていく方法論を述べましたので、ここでは②を満たしていく方法論について解説します。

　ES攻略のための準備の2つ目は、「ライバル学生との差別化ポイントを徹底的に考え抜く」ことです。では、ライバル学生と差別化ポイントをどのように見つけ、アピールしていけばいいのでしょうか？

　答えは、右下の図のように「『能力』や『熱意』や『考え方』などのうち、1点突破でいいので、○○という点で私はどのライバルにも勝っている自信があります、と言い切れるものを準備しておく」ということです。ここで1つ注意が必要なのは、**アピールする項目は独りよがりではいけない、**ということです。企業担当者は「ミスマッチがないと言えるか」と「活躍する見込みが高いか」を特に重視しているわけですから、このどちらかの文脈に沿ってアピールする項目を決めていく必要があります。

　多くの就活生が「自分には特筆すべき実績がないので、（相対的な）能

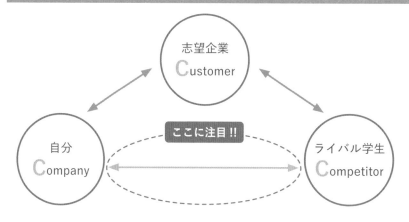

■ なぜ、その企業はライバルよりも自分を選ぶべきと言えるのか？

力の高さをうまくアピールすることができません」と相談してきますが、輝かしい実績は特に必要ありません。ピンポイントでもこの能力なら負けない、この仕事を誰よりも情熱を持ってやれる、仕事を任されたら最後までやり切る責任感については誰にも負けない、この仕事を通じてお客さんに誰よりも丁寧に親身に向き合えるなど、**実績以外の部分でアピールすればいいのです。**ただし、「どうして、そう言えますか?」とか「そこまで自信があると言い切れるのは、なぜですか?」と企業担当者から問われた時に、誰が聞いても納得感がある理由(確かに、この人はやりそうだなと思える理由)を答えられるかは重要ですので、説得力のある理由もセットで準備することを忘れないでください。

ES攻略編の【対策1】「ESのルールを知る」でも述べた通り、合格するESの3大ポイントは「論理性」「熱意」「存在感」です。ESの設問に論理的に答える中で「いかにライバル学生との違いを回答に盛り込んで『熱意』や『存在感』の強さなどをアピールできるかが勝負だ」と肝に銘じて徹底的に準備してもらえたらと思います。

自分の言葉で説明できるかチェック

- ☐ 左下の図を見ながら、「他の就活生よりも自分を選ぶべきだということを強くアピールする重要性」について説明できる?
- ☐ 右下の図を見ながら、「ライバル学生よりも自信があると断言し、理由も述べる重要性」について説明できる?

■「私はライバルよりも○○において自信がある」と断言しよう

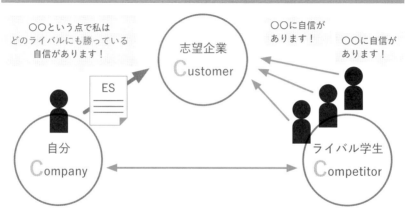

ES攻略編【対策3】作法を守る❶
「設問の意図」を
理解してからESを書く

　ここからはES攻略編の【対策3】「ESの作法を守る」に入ります。**ES攻略のために守るべき作法の1つ目は「設問の意図（狙い）を理解し、意図に100%沿っていると言える回答を作成する」**ことです。

　例えば、みなさんが小論文の試験で合格点を取らなければならない時、いきなり自由に自分の意見や主張を書き始めるでしょうか？　おそらく、そんなことはないでしょう。小論文の試験で点数を取るためには「どんな答案を書けばいいのか」「どこがポイントになるのか」などを学習してから、合格水準の答案が作れるように練習するはずです。ESも同じです。企業の設問には必ず出題者の意図が込められているので、その意図は何かを見抜いた上で、意図に100%沿った回答を作成していきましょう。

　左下の図を見てください。最もオーソドックスな、いわゆる「ガクチカ」に関する設問が例として取り上げられています。この設問で企業担当者が知りたいことは、学生時代に頑張ったことそのものだけではなく、「この経験で何が得られたのか」「この経験は自分にとってどんな意味があったのか」や「その過程でどんな努力や工夫をしたのか」「過程のどこに自分らしさがあるのか」などです。**私は、ESの回答作成に取り掛かる前に、まずは設問1つ1つの出題者の意図（出題者は何を知りたいと思っている**

■ ESの全ての設問の意図（企業が求めること）を書き出そう

ES

設問1.
学生時代に最も力を入れたことは
何ですか？

設問の意図（狙い）

➡ □ この経験で得られたこと
　 □ 自分なりの工夫や努力

設問2.
当社を志望する理由（志望動機）を
教えてください。

➡ □ この企業への共感度の高さ
　 □ この企業への適合度の高さ

※ 各設問の「狙い」をすべて丁寧に書き出す！

のか）を書き出すことをおすすめします。その上で次にするべきことは、右下の図のように、自分の回答の骨子を出題者の意図と1対1で対応するように書き出すことです。その際、出題者の意図に100%沿っている回答になるように注意しましょう。

　このやり方でESを作成しても、「自分で考えた出題者の意図が本当に正しいのか？」や「自分の回答は出題者の意図に100%沿ったものになっているか？」という2つの疑問が生じると思います。この点こそ、社会人や先輩内定者、そして就活仲間にどんどんぶつけて、他人の意見を聞き修正するのです。大事なのはESのアウトプットそのものを見てもらうのではなく、ES作成のプロセスを見てもらうことです。

　何度か相談を繰り返していくうちに自力で出題者の意図を見抜き、その意図に100%合った回答を作成できるようになるので、特に就活初期は周囲の力も積極的に活用するようにしてください。

　　自分の言葉で説明できるかチェック

　□ 左下の図を見ながら、「ESのすべての設問に対して出題者の意図（狙い）を書き出す方法」について説明できる？
　□ 右下の図を見ながら、「出題者の意図（狙い）に100%沿った回答を作る方法」について説明できる？

■「設問の意図に100%沿っていると言える回答」を作ろう

設問の意図（狙い）　　　　　　　　　　ESの回答

□ この経験で得られたこと　←　　□ あきらめない力　　　　　100%
□ 自分なりの工夫や努力　　←　　□ けがを克服して　　　　　OK!
　　　　　　　　　　　　　　　　　　復帰したエピソード

□ この企業への共感度の高さ　←　□ ビジョンと働く人への共感　100%
□ この企業への適合度の高さ　←　□ 知的タフネスと論理性　　　OK!

※ 設問の「狙い」を見極めてから、100%満たす回答を作成する！

ES 攻略編【対策 3 】作法を守る❷
「伝わる文章 4 大原則」を守って ES を書く

　ES攻略のために守るべき作法の2つ目は「ビジネス目線で伝わる文章を書く」ことです。

　私が就活生や若手ビジネスパーソンにアドバイスしている「ビジネス目線で伝わる文章を書くための4大原則」は次の通りです。左下の図を見てください。**まず1つ目のポイントは「結論ファースト」です。**ビジネスシーンでは必ずと言っていいほど「結論から伝える」ことが求められます。ES作成においてもまずは設問に対して、直球で結論を述べましょう。結論を述べた上で、必要な補足説明をしていくスタイルが望ましいです。**次に2つ目のポイントは「シンプルな論理構成」です。**これは「全体像と現在地の提示」という言葉に置き換えてもいいかもしれません。「全体はこうです。今はここを述べています」というのが、読み手に伝わる文章構成にしましょう。よく「ポイントは3つあります」とか「理由を2つ述べます」とか言うのは、論理構成をシンプルにするためです。ESでも結論の後にどんな論理構成で文章が展開されるのかを宣言して書き始めることをおすすめします。**3つ目のポイントは「簡単な言葉」です。**ビジネスシーンでは難しいことを簡単に説明する文章が、良い文章とされます。ESでも難しい言葉や専門用語、カタカナだらけのビジネス用語は必要あ

■「伝わる 4 大原則」を強烈に意識して文章を書こう

伝わる 4 大原則（ES 編）

01　　結論から伝える

02　　シンプルな論理構成で伝える

03　　できるだけ簡単な言葉で伝える

04　　できるだけ簡潔に短く伝える

りません。中学生でも理解できる言葉を使うように心がけましょう。そして、4つ目のポイントは「できるだけ短くする」ということです。ビジネスシーンでは、短くて力強く、一読で意味がわかる文章が良い文章とされます。短くまとめるためには、否が応でも伝えるべき情報の優先順位（何が一番伝えたい情報で、何が補足情報なのか）を意識しなければなりません。ESでも、「一言で言うなら、こういうこと」「もう少し詳しく言うなら、こういうこと」という具合に、自分の言いたいことをできるだけコンパクトにまとめるクセをつけましょう。多くのESでは設問ごとに字数制限がついていますので、このクセは訓練して身につける必要があります。

　そして4大原則以外にもう1つ、伝わる文章にするために大事なのが「具体と抽象を両方述べる」ことです。「抽象的なことを言うだけで具体的なイメージができない文章」や「具体例ばかりで結局何が言いたいのかわからない文章」はES作成においてもできるだけ避けるようにしてください。ES作成時に「具体と抽象がセットで語られているか」をチェックするクセをつけるといいでしょう。

```
自分の言葉で説明できるかチェック
```
□ 左下の図を見ながら、「『伝わる4大原則』を強烈に意識して
　文章を書く方法」について説明できる？
□ 右下の図を見ながら、「『具体』と『抽象』のバランスを意識
　して文章を書く方法」について説明できる？

■「具体」と「抽象」のバランスを意識して文章を書こう

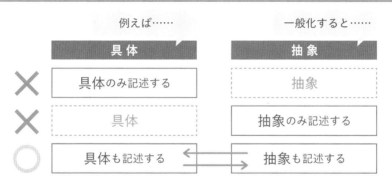

※ 具体と抽象の順序はどちらが先でもOK

面接攻略編【対策１】ルールを知る❶
「相思相愛の確認をしない面接」は絶対NG

　ここからは、面接攻略編に入ります。私の経験上、面接は「得意な就活生」と「苦手な就活生」の差がつきやすい選考と言えます。面接が苦手な就活生は、得意な就活生に比べてトレーニングに時間がかかるかもしれませんが、本書の通り対策をすれば、合格水準の実力が養成できると信じて、粘り強く取り組んでください。

　早速、１つ目の対策「面接のルールを知る」から一緒に見ていきましょう。まず「面接のルールを知る」の冒頭で就活生のみなさんに伝えたいのは、「相思相愛の確認をしない面接」を惰性で続けないようにするということです。これが面接における絶対NGポイントです。

　左下の図を見てください。面接における合格者と不合格者の認識の違いについて説明しています。不合格者の大半は「面接は、面接官に聞かれたことに上手に答える場」だと認識して面接を受けているのに対して、合格者の大半は「面接は、面接官の質問に答えながら、自分と企業とが相思相愛であることを確認する場」だと認識して面接を受けています。そもそも面接を受ける前から、合格者と不合格者では面接に対する認識がまるで違っているのです。１次面接、２次面接、３次面接……最終面接と連続で合格するためには「面接を通じて相思相愛の確認をすることが何よりも大

■ 実は不合格者の大半は面接で「相思相愛の確認」をしていない

❌ 不合格者の特徴

面接では
聞かれたこと、求められたことに
とにかく答えよう

◎ 合格者の特徴

面接では自分と企業とが
相思相愛であることを
伝えよう‼

切」と肝に銘じてください。

　では、大半の就活生が「不合格になる面接の振る舞い」を続けてしまうのは、なぜでしょうか？　右下の図を見てください。まず1つは、面接のルールを知らないまま受けてしまっているからです。もう1つは、面接前に必要な準備をせずに受けてしまっているからです。そして、最後の1つは、面接の作法を守らずに受けてしまっているからです。

　ここでは、「相思相愛の確認をしない面接は今後、絶対しない」と心に決めていただき、「面接で相思相愛の確認をし、合格水準の振る舞いができるようになる」ためにも、面接攻略編の「3つの対策」を強く意識して練習していくと約束していただければと思います。

┌─ 自分の言葉で説明できるかチェック ─┐

　□　左下の図を見ながら、「面接における『不合格者の特徴』と『合格者の特徴』」について説明できる？
　□　右下の図を見ながら、「多くの就活生が『不合格になる面接での振る舞い』を続けてしまう理由」について説明できる？

■ なぜ「相思相愛の確認」をせずに面接を終えてしまうのか？

| 面接のルールを知らない | 面接の準備をしていない | 面接の作法を守っていない |

| 対策1 | 対策2 | 対策3 |

| 面接のルールを知る | 面接の準備をする | 面接の作法を守る |

| （3-3-1、3-3-2） | （3-3-3、3-3-4） | （3-3-5、3-3-6） |

「コミュ力」「フィット感」「覚悟」が伝わる面接をする

　次に面接攻略の大前提となる「面接合格の3大ポイント」について解説していきます。私が**面接合格に必要な要素を3つに絞って挙げるとすると、1つ目に「（面接で求められる）コミュニケーション能力」、2つ目に「フィット感」、3つ目に「覚悟・本気度」です。この3つの要素をすべて兼ね備えて、はじめて面接で合格できる可能性がある**と考えてください。

　まず1つ目の「（面接で求められる）コミュニケーション能力」についてですが、ズバリ一番大事なのは非言語コミュニケーション（NVC）です。つまり、面接官に「感じの良い学生だな」「社会人としても通用しそうなくらい堂々としているな」と感じさせられるかどうかが重要です。次に大事なのは、面接の場で伝わる話し方をして、面接官としっかりと会話をすることです。

　次に2つ目の「フィット感」についてですが、これは「面接官がこの人は当社で働いて幸せになりそうだと思えるかどうか」だと考えてください。つまり、「○○や○○の点で御社に共感しているので、私はミスマッチを起こさずに御社で幸せに働けると思います」とフィット感が高いことを堂々と主張できるかどうかが重要です。

　そして、3つ目の「覚悟・本気度」についてですが、これは「その企業

■「面接合格の3大ポイント」を押さえた振る舞いになっているか？

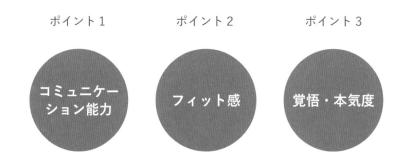

ポイント1　　　　　ポイント2　　　　　ポイント3

コミュニケーション能力　　　フィット感　　　覚悟・本気度

で働く未来の自分のイメージをどれだけ時間と労力をかけて真剣に考えているか」ということに尽きます。とにかく「第1志望（群）です」と即答すればいいというわけでは決してなく、どれだけ真剣に考えているかを誠心誠意、示すことが大切です。

　ここで、右下の図を見てください。この節の冒頭でも述べたように、3つの要素をすべて兼ね備えて、はじめて面接の合格が見えてきます。そう考えた時に、現時点のあなたの苦手要素はこの3つのうちどれでしょうか？　苦手要素に関しては意識的に訓練しないと強化できません。**これから面接を受ける時に強烈に意識するのはもちろん、友人や先輩に模擬面接をしてもらう時にも「この要素が苦手なので、ここを重点的に見てアドバイスください」と伝えて、必ず3つの要素が十分満たされている面接での振る舞いができるように努力を積み重ねてください。**

┌─ 自分の言葉で説明できるかチェック ─┐

　□　左下の図を見ながら、「面接合格の3大ポイント」について
　　　説明できる？
　□　右下の図を見ながら、「面接合格の3大ポイントのうち、自
　　　分の弱点把握の重要性」について説明できる？

■「面接合格の3大ポイント」のうち、自分の弱点を把握しよう

Chapter 3
3-3

面接攻略編【対策2】準備をする❶
「自己分析」と「企業分析」を やりきる

　ここからは面接攻略編の【対策2】「面接の準備をする」に入ります。Chapter 3‐1‐4（156ページ）でも述べたように**【対策2】「面接の準備をする」が面接攻略のための3つの対策の中で最重要となります**ので、そのつもりでしっかり理解を深めてください。また、【対策2】「面接の準備をする」では、3C分析のフレームワークを活用しますので、なじみのない人はChapter 3‐1‐5（158ページ）に必ず目を通した上で、このページを読み進めるようにしてください。

　面接攻略のための準備の1つ目は「自己分析と企業分析を徹底的にする」ことです。断言しますが、このプロセスをないがしろにすると、面接通過の確率はガクンと下がってしまいます。では、面接通過のための自己分析と企業分析のポイントはどこにあるのでしょうか？

　答えは、右下の図のように、「自己分析と企業分析の結果から、共感度が高いことと適合度が高いことを示す」ことです。Chapter 2‐10‐3（136ページ）のマッチング評価のページでも述べましたが、企業の選考担当者は「ミスマッチがないと言えるか」と「活躍する見込みが高いか」を採用時に特に気にしています。**共感度が高いことを示すことで「私は御社とマッチしている人材です」と主張し、適合度が高いことを示すことで「私**

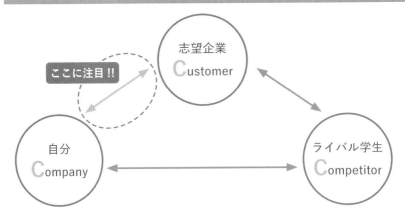

■ なぜ、その企業と自分はマッチしていると言えるのか？

ここに注目!!

志望企業
Customer

自分
Company

ライバル学生
Competitor

は御社で活躍する見込みが高い人材です」と主張することがポイントです。この２つをうまく主張しながら、「私と御社とは相思相愛の関係です」とアピールできるようにしておきましょう。

　面接では、面接担当者の質問に論理的に答えるのが第１優先事項なので、質問に答えながら上記のすべてを主張するのは難しいかもしれません。重要なのは「質問への回答を通じて『十分に自己分析と企業分析をした上で面接に臨んでいるな』と企業担当者に感じさせることができているか」に尽きます。

　面接攻略編の【対策１】「面接のルールを知る」でも述べた通り、面接合格の３大ポイントは「コミュニケーション能力」「フィット感」「覚悟・本気度」です。いきなり面接に臨みたい気持ちはわかりますが、「急がば回れ」だと思って、まずはChapter 2の自己分析と企業分析をやり切ってください。そして、自己分析と企業分析を十分にやった上で面接に臨んでいることがわかるように面接で振る舞い、「コミュニケーション能力」「フィット感」「覚悟・本気度」の高さを存分に示すようにしてください。

自分の言葉で説明できるかチェック

- □ 左下の図を見ながら、「自分と志望企業との『相思相愛』を確認する重要性」について説明できる？
- □ 右下の図を見ながら、「『共感度』と『適合度』の高さをアピールする重要性」について説明できる？

■「共感度」と「適合度」の高さをアピールしよう

「共感度」が高いことをアピール
「適合度」が高いことをアピール
⇒「私と御社とは間違いなく相思相愛です」

自己分析の結果　　共感度 高　　企業分析の結果
　　　　　　　　　適合度 高

Chapter 3 3-4	面接攻略編【対策２】準備をする❷

「他者との差別化ポイント」を明確にする

　Chapter 3-1-5（158ページ）の３Ｃ分析のフレームワーク活用でも述べましたが、新卒の就職活動では、①「自分と企業との相思相愛を確認」しながら、②「企業にその他大勢の就活生よりも自分を選ぶべきだということを強くアピール」していく必要があります。Chapter 3-3-3では自己分析と企業分析をして①を満たしていく方法論を述べましたので、ここでは②を満たしていく方法論について解説します。

　面接攻略のための準備の２つ目は「ライバル学生との差別化ポイントを徹底的に考え抜く」ことです。では、ライバル学生と差別化ポイントをどのように見つけ、アピールしていけばいいのでしょうか？

　答えは、右下の図のように「『能力』や『熱意』や『考え方』などのうち、１点突破でいいので、○○という点で私はどのライバルにも勝っている自信があります、と言い切れるものを準備しておく」ということです。ここで１つ注意が必要なのは、**アピールする項目は独りよがりではいけない、**ということです。企業担当者は「ミスマッチがないと言えるか」と「活躍する見込みが高いか」を特に重視しているわけですから、このどちらかの文脈に沿ってアピールする項目を決めていく必要があります。

　多くの就活生が「自分には特筆すべき実績がないので、（相対的な）能

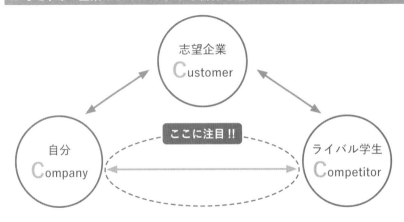

■ なぜ、その企業はライバルよりも自分を選ぶべきと言えるのか？

志望企業　Customer

ここに注目!!

自分　Company

ライバル学生　Competitor

力の高さをうまくアピールすることができません」と相談してきますが、輝かしい実績は特に必要ありません。ピンポイントだがこの能力なら負けない、この仕事を誰よりも情熱を持ってやれる、仕事を任されたら最後までやり切る責任感については誰にも負けない、この仕事を通じてお客さんに誰よりも丁寧に親身に向き合えるなど、**実績以外の部分でアピールすればいいのです。**ただし、「どうしてそう言えますか？」とか「そこまで自信があると言い切れるのはなぜですか？」と企業担当者から問われた時に、誰が聞いても納得感がある理由（確かにこの人はやりそうだなと思える理由）を答えられるかは重要ですので、説得力のある理由もセットで準備することを忘れないでください。面接攻略編の【対策1】「面接のルールを知る」でも述べた通り、**面接合格の3大ポイントは「コミュニケーション能力」「フィット感」「覚悟・本気度」です。**面接官の質問に的確に答えながら、「**いかにライバル学生との違いを回答に盛り込んで『フィット感』や『覚悟・本気度』の強さなどをアピールできるかが勝負だ**」と肝に銘じて、徹底的に準備してもらえたらと思います。

自分の言葉で説明できるかチェック

☐ 左下の図を見ながら、「他の就活生よりも自分を選ぶべきだということを強くアピールする重要性」について説明できる？

☐ 右下の図を見ながら、「ライバル学生よりも自信があると断言し、理由も述べる重要性」について説明できる？

■「私はライバルよりも〇〇において自信がある」と断言しよう

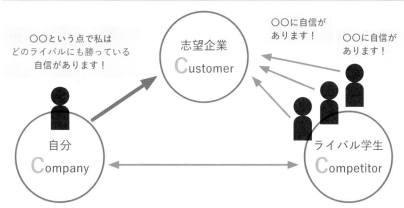

〇〇という点で私はどのライバルにも勝っている自信があります！

志望企業
Customer

〇〇に自信があります！

〇〇に自信があります！

自分
Company

ライバル学生
Competitor

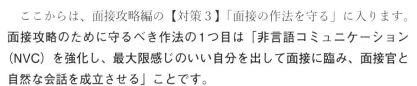

面接攻略編【対策3】作法を守る❶

「非言語コミュニケーション」を最大化する

　ここからは、面接攻略編の【対策3】「面接の作法を守る」に入ります。**面接攻略のために守るべき作法の1つ目は「非言語コミュニケーション（NVC）を強化し、最大限感じのいい自分を出して面接に臨み、面接官と自然な会話を成立させる」ことです。**

　就活生のみなさんの中で「非言語コミュニケーション（NVC＝Non Verbal Communication）」の重要性を理解している人はどれくらいいるでしょうか？　有名なメラビアンの法則によれば、「感情や気持ちを伝えるコミュニケーションをとる際、どんな情報に基づいて印象が決定されるのか」について検証したところ、言語情報の影響度はわずか7％で、聴覚情報の影響度が38％、視覚情報の影響度は55％という結果が出ています。「人は見た目が9割」などという言葉もありますが、予想以上に非言語コミュニケーションが大切だということに気づいたのではないでしょうか？

　面接でも、この非言語コミュニケーション（NVC）能力が非常に重要です。この能力が低いと、どれだけ論理的で正しい受け答えをしても、面接に通過できないケースがあります。**私が面接に臨む就活生全員にアドバイスしているのは、「面接では最大限感じのいい自分を出すこと」です。**声や表情や姿勢や身振り手振りなど、自分が意識できる限りで最高の「感

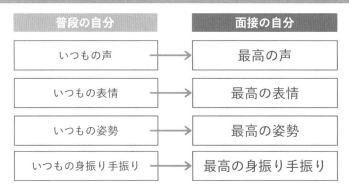

■ 最大限感じのいい人になる（声、表情、姿勢、身振り手振り）

普段の自分	面接の自分
いつもの声 →	最高の声
いつもの表情 →	最高の表情
いつもの姿勢 →	最高の姿勢
いつもの身振り手振り →	最高の身振り手振り

最大限感じのいい自分を出せるかが勝負

じの良さ」を出すのです。これは、性格や人格とは関係ありません。「初対面の人に最高の自分を見てもらおうという努力」が求められているのです。自分が面接官だったら、どんな人と話していたら気持ちいいと思うかを考え、面接時にできる限り「最大限感じのいい自分」を出せるように訓練してください。

それから、もう1つ面接で合格するために大切なことがあります。それは、「面接では面接官と自然な会話を成立させる」ことです。面接は、面接官に聞かれたことに就活生が答えるという特殊なコミュニケーションの場です。だからといって、聞かれたことに答えることだけに終始しているようでは、合格は難しいと思ってください。ましてや、準備してきた答案を棒読みするような受け答えは言語道断です。私がアドバイスしているのは、「大学の少し目上の先輩に、自分のキャリアのことを相談するイメージで自然体で丁寧に会話をする」ということです。まずは「面接官と会話をする感覚」を身につけることを大切にしてください。

自分の言葉で説明できるかチェック

☐ 左下の図を見ながら、「面接で最大限感じのいい自分を出すことの重要性」について説明できる？
☐ 右下の図を見ながら、「面接で面接官と会話を成立させることの重要性」について説明できる？

■ 大学の少し目上の先輩と丁寧に会話している感覚を再現しよう

✕ 不合格者の特徴　　　　　◎ 合格者の特徴

☐ 暗唱マシーン的感覚　　　☐ 目上の先輩と話す感覚
☐ 質疑応答に終始　　　　　☐ 自然な会話が成立

面接攻略編【対策3】作法を守る❷

「質疑応答の的確さ」を意識する

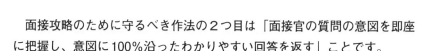

　面接攻略のために守るべき作法の2つ目は「面接官の質問の意図を即座に把握し、意図に100%沿ったわかりやすい回答を返す」ことです。

　ES攻略編でも「ESの設問ごとに出題者の意図を理解して、意図に100%沿った回答を作成することが大事」と述べましたが、面接でも「面接官の質問の意図を理解して、意図に100%沿った話ができるか」が非常に重要になります。面接の場合、即時に面接官の質問の意図を理解しなければならない点が、ESよりもさらに難しいと言えます。**私がよく就活生にアドバイスをしているのは、「面接に慣れるまでは面接官の質問の意図をつかむことに特化した訓練をしたほうがいい」ということです。**面接官の質問の意図をつかみ損ねると、回答が面接官の望むものにならず、その結果高い評価が得られないのは自明です。

　ですので、まずは面接官の意図を正確につかむことをひたすら訓練しながら、「もし即座に意図がつかめなかったらどう聞き返すか？」や「意図が自分の考えたもので合っているか自信がない時にどのように確認するか？」などの確認作業が自然にできるようになるレベルを目指したほうがいいと思います。訓練の方法は、社会人や内定者の先輩や就活仲間に面接官役をやってもらって、ありそうな質問をどんどんぶつけてもらい、意図

■面接官の質問の意図を捉え、意図に合うように質問に答えよう

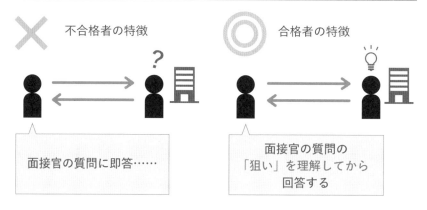

不合格者の特徴

面接官の質問に即答……

合格者の特徴

面接官の質問の「狙い」を理解してから回答する

だけを確認していく方法が良いと思います。

　質問の意図がその場で正しくつかめるようになったら、次はその意図に100％沿った回答を「伝わる4大原則」と「具体と抽象の両方の提示」を守りながら提示できるようになるまで話を組み立てる訓練をしてください。訓練をする際、我流でやるよりはChapter 3-1-6（160ページ）で示した伝達力を強化する2冊（1冊目として『一生モノの伝え方が身につく 説明の技術』（石田一洋著、総合法令出版）を、2冊目として『1分で話せ　世界のトップが絶賛した大事なことだけシンプルに伝える技術』（伊藤羊一著、SBクリエイティブ））を読んだ上で訓練していくことをおすすめします。一番大切なことは、勢いに任せてダラダラと話し過ぎないことです。**就活の面接官は自分の質問に対して、質問の意図を理解した上で、意図に100％沿った内容をコンパクトに話せる就活生を高く評価します。**まずはできるだけ簡潔に答えて、面接官の表情を見ながら、もう少し付け足したほうがよさそうなら情報を補足していくスタンスが最も望ましいと言えるでしょう。

自分の言葉で説明できるかチェック

- □ 左下の図を見ながら、「面接官の質問の意図を捉え、意図に100％沿った回答をする方法」について説明できる？
- □ 右下の図を見ながら、「『伝わる4大原則』と『具体と抽象のバランス』を意識した回答をする方法」について説明できる？

■「伝わる4大原則」と「具体と抽象」を意識して話をしよう

伝わる4大原則（面接編）

01　結論から伝える

02　シンプルな論理構成で伝える

03　できるだけ簡単な言葉で伝える

04　できるだけ簡潔に短く伝える

&

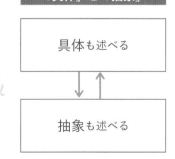

「具体」と「抽象」

具体も述べる

抽象も述べる

※具体と抽象はどちらが先でもOK

GD・インターン攻略編【対策1】ルールを知る❶

「定石を理解せずに参加する」 のは絶対NG

　ここからは、GD・インターン攻略編に入ります。GD・インターンは新卒採用の選考の中でも、最難関と言っても過言ではないと思います。その理由は、「思考力」「言語化力」「伝達力」の3つの力を総動員して、限られた時間の中で相対的に自分の能力の高さを示す必要があるからです。ただし、考え方や進め方には定石がありますので、安心してください。定石を習得した上で十分トレーニングすれば、誰でも合格水準まで実力を高めることができます。

　早速、1つ目の対策「GD・インターンのルールを知る」から一緒に見ていきましょう。まず**「GD・インターンのルールを知る」**の冒頭で就活生のみなさんに伝えたいのは、**「定石を理解しないままGD・インターンに参加し続ける」**のは止めるということです。これが、**GD・インターンにおける絶対NGポイント**です。

　左下の図を見てください。ここではGD・インターンの出題テーマの中でも代表的な「課題解決型GD」と「事業提案型GD」の考え方・進め方の定石をそれぞれ示しています。「課題解決型GD」は5ステップ、「事業提案型GD」は6ステップの定石を理解し、この通りに進めれば、合格水準の振る舞いができるようになっています。GD・インターンは、どの就

■ 実は不合格者の大半は「GD・インターンの定石」を知らない

「課題解決型 GD」の定石	「事業提案型 GD」の定石
❶ 前提の確認	❶ 前提の確認
❷ 現状と理想とギャップの図示	❷ ターゲットの特定と困り事発見
❸ 現状分析と仮説出し	❸ 現状と理想とギャップの図示
❹ 解決策の考案	❹ サービス考案
❺ プレゼン用アウトプット	❺ 顧客のハッピー体験の想像
	❻ プレゼン用アウトプット

活生も場数を踏めばうまくなるだろうと思いがちですが、それは「定石を知っていてこそ」だと肝に銘じてください。

　では、大半の就活生が「不合格になるGD・インターンの振る舞い」を続けてしまうのはなぜでしょうか？　右下の図を見てください。まず1つは、GD・インターンのルールを知らないまま受けてしまっているからです。もう1つは、GD・インターンに必要な準備をせずに受けてしまっているからです。そして、最後の1つは、GD・インターンの作法を守らずに受けてしまっているからです。

　このページでは、この先「定石を理解しないままGD・インターンに参加し続けることは絶対しない」と心に決めていただき、「定石を理解してGD・インターンで合格水準の振る舞いができるようになる」ためにもGD・インターン攻略編の「3つの対策」を強く意識して練習していくと約束していただければと思います。

自分の言葉で説明できるかチェック

☐ 左下の図を見ながら、「GD・インターンの考え方や進め方には『定石』があるということ」について説明できる？
☐ 右下の図を見ながら、「多くの就活生が『不合格になる振る舞い』を続けてしまう理由」について説明できる？

■ なぜ、「GD・インターンの定石」を知らずに選考に臨むのか？

GD・インターンの ルールを知らない	GD・インターンの 準備をしていない	GD・インターンの 作法を守っていない
対策1	対策2	対策3
GD・インターンのルールを知る	GD・インターンの準備をする	GD・インターンの作法を守る
（3-4-1、3-4-2）	（3-4-3〜3-4-10）	（3-4-11、3-4-12）

GD・インターン攻略編【対策1】ルールを知る❷
「コミュ力」「統率力」「アウトプット貢献」を意識する

　次に、GD・インターン攻略の大前提となる「GD・インターン合格の3大ポイント」について解説していきます。私がGD・インターン合格に必要な要素を3つに絞って挙げるとすると、1つ目に「(GD・インターンで求められる) コミュニケーション能力」、2つ目に「リーダーシップ」、3つ目に「アウトプット貢献」です。この3つの要素をすべて兼ね備えてはじめて、GD・インターンで合格できる可能性があると考えてください。

　まず1つ目の「(GD・インターンで求められる) コミュニケーション能力」についてですが、これは「議論の流れに応じて、臨機応変にその場その場で最適なコミュニケーションをとる力」です。どれだけ正論を振りかざしてもチームメンバーに受け入れられなければ意味がなく、それではコミュニケーション能力が高いとは言えないことに注意が必要です。また、チームメンバーの意見を柔軟に取り入れるための傾聴力も大切です。

　次に、2つ目の「リーダーシップ」についてですが、これは「答えが1つに定まらない問題に対して、チームで協働しながら、その場で最高のアウトプットを出すことにこだわり抜く姿勢」だと考えてください。「成果」と「チームメンバーの満足度」の両方を最大化していくことが重要です。

　そして、3つ目の「アウトプット貢献」についてですが、これは「最終

■「GD合格の3大ポイント」を押さえた振る舞いになっているか?

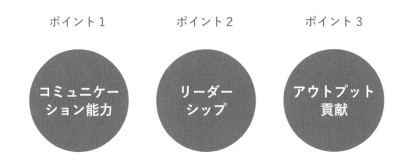

アウトプットに対して、どれだけ自分の意見や振る舞いが貢献していたか」
ということです。自分でクリティカルな意見を出しそれをアウトプットに
盛り込んでいくことも重要ですが、必ずしも自分の意見を通そうと思う必
要はありません。チームメンバーの良い意見や良いアイデアをうまく引き
出して、アウトプットに貢献するという役割も十分にあり得ます。

　ここで、右下の図を見てください。冒頭でも述べたように、３つの要素
をすべて兼ね備えて、はじめてGD・インターンの合格が見えてきます。
そう考えた時に、現時点のあなたの苦手要素はこの３つのうちどれでしょ
うか？　苦手要素に関してはとにかく意識的に訓練しないと強化できませ
ん。これからGD・インターンを受ける時に自分で強烈に意識するのはも
ちろん、一緒にGD・インターンに参加したメンバーにフィードバックを
もらう時にも「この要素が苦手なのでここを重点的に見てアドバイスをく
ださい」と伝えて、必ず３つの要素が満たされていると判断されるGD・
インターンができるように努力してください。

```
自分の言葉で説明できるかチェック
```

　□　左下の図を見ながら、「GD・インターン合格の３大ポイント」
　　　について説明できる？
　□　右下の図を見ながら、「GD・インターン合格の３大ポイント
　　　のうち、自分の弱点把握の重要性」について説明できる？

■「GD合格の３大ポイント」のうち、自分の弱点を把握しよう

	ポイント１ コミュニケーション能力	ポイント２ リーダーシップ	ポイント３ アウトプット貢献
合格のための あるべき姿	○	○	○
今の自分	○	△	×
	OK!	対策優先順位 2位	対策優先順位 1位

GD・インターン攻略編【対策2】準備をする❶
「課題解決型GD」と「事業提案型GD」

　ここからはGD・インターン攻略編の【対策2】「GD・インターンの準備をする」に入ります。Chapter 3‒1‒4（156ページ）でも述べたように【対策2】「GD・インターンの準備をする」がGD・インターン攻略のための3つの対策の中で最重要となりますので、そのつもりでしっかり理解を深めてください。

　GD・インターン攻略のための準備の1つ目は「GD・インターンの定石を理解し、身につける」ことです。断言しますが、定石を身につけないまま場数を踏んでも、GD・インターン選考の通過率は一向に上がりません。GD・インターンの定石の中身に入る前に、まずは、企業からどんなお題が出されるのかについて見ていきましょう。

　左下の図を見てください。企業から出されるGD・インターンのお題を分類すると、「課題解決型」「事業提案型」「資料分析型」「ディベート型」「抽象型」などが挙げられます。GD選考では「課題解決型」が、インターン選考では「事業提案型」が最も一般的なので、本書ではこの2つをクローズアップして「定石」を詳しく示していきます。「課題解決型GD」は企業から課題が与えられて、その課題に対する解決策をチームで考えていくパターン、「事業提案型GD」は企業からある制約条件の中での新

■ GD・インターンの2分類「課題解決型」と「事業提案型」

本書で扱うGD・インターンの2大テーマ

課題解決型	事業提案型
企業から「課題」が与えられ、その「課題」に対する解決策をチームで考えるパターン	企業からある制約条件の中での新規事業の提案を求められ、魅力的なビジネスプランをチームで考えるパターン

その他のテーマ

資料分析型	ディベート型	抽象型

規事業提案を求められ、魅力的なビジネスプランをチームで考えていくパターンだと認識してください。

　さて、ここで右下の図を見てください。「課題解決型GD」にも「事業提案型GD」にも有効な１つの模式図があります。「**左下に現状を書き、右上に理想を書き、現状と理想のギャップをどう埋めるかを考える**」模式図です。２つの代表的なGDの定石の詳細に入る前に、この「現状と理想のギャップを埋める模式図」を使いこなせるようにすることが最重要と認識してください。実際の議論では、チームメンバーを次のように誘導していくイメージです。「まずは現状と理想をしっかり定義しませんか？」「現状はこうなっていますね。理想はこんな状態ではないでしょうか？　現状と理想にはこれだけギャップがあるので、このギャップをどんな施策で埋めていくのかを今から一緒に考えましょう！」——このようにして「**現状と理想のギャップを埋める模式図**」をチームメンバーと一緒に書き上げて、チーム内で共通認識化しておくことが非常に重要です。

　自分の言葉で説明できるかチェック

□　左下の図を見ながら、「GD・インターンの代表例である『課題解決型GD』と『事業提案型GD』」について説明できる？
□　右下の図を見ながら、「両方のGDで使える『現状と理想のギャップを埋める模式図』」について説明できる？

■ 両方とも「現状と理想のギャップをどう埋めるか」から考える

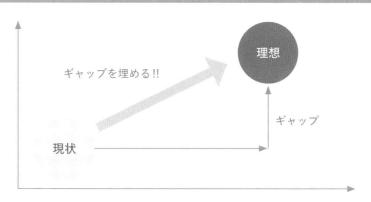

GD・インターン攻略編【対策2】準備をする❷
「課題解決型GD」の考え方

　ここからは、いよいよGD・インターンで「課題解決型」のお題が出された場合の「定石」について解説していきます。まずは「課題解決型GD」の考え方について見ていきましょう。

　結論から言うと、「課題解決型GD」は左下の図の通り5ステップで仕上げることができます。ここでは、5ステップを1つずつ丁寧に見ていきましょう。

　まず、**❶前提の確認**から着手します。スタートでつまずかないように、「お題」と「前提条件」をメンバー全員で丁寧に確認します。定義が曖昧なものはすべてこの段階で定義してしまいましょう。次に、**❷現状と理想とギャップを図示し共有します。**前ページで示した「現状と理想のギャップを埋める模式図」を活用してメンバー全員の共通認識にしましょう。「現状、こんな問題がある。理想はこの状態にしないといけない。現状と理想のギャップを埋める有効な施策を考えることがこの議論の目的」とメンバー全員が意識できたら準備OKです。**次は、❸現状分析と仮説出しです。**現状何が起きているのかを様々な切り口で分析して構造的に整理し、現状のどこにメスを入れれば理想の状態に近づいていくか、みんなで意見を出し合いながら解決策の方向性を複数出していきます。そして、次はいよ

■「課題解決型GD」の考え方の定石5ステップはこれだ

❶	❷	❸	❹	❺
前提の確認	現状と理想のギャップの図示	現状分析と仮説出し	解決策の考案	プレゼン用アウトプット
お題と前提条件を言語化して共有する	現状と理想とギャップを図示し目的を共有する	現状を構造的に整理し、筋の良い仮説をいくつか出す	解決策を考える	考えたことをWHY→WHAT→HOWの順にまとめ、プレゼンの練習をする

よ、❹解決策の考案です。❸で出した解決策の方向性のうち、実行時の効果が大きそうなものに絞って、実際の解決策を考えていきます。解決策は「実現可能性」を意識し、誰もがイメージできるレベルにまで具体化しましょう。**最後は、❺プレゼン用のアウトプット作成です。**ここでは考えたことをWHY（なぜ）→WHAT（何を）→HOW（どのように）のフレームワークに落とし込んでいきます。とにかく「わかりやすさ」を第一優先にし、誰が聞いても理解できるシンプルで明快なアウトプットにまとめ、プレゼンをすることを心がけましょう。

右下の図を見てください。**実は「課題解決型GD」の一番の注力ポイントは、❸現状分析と仮説出しです。**ここで「ああでもない、こうでもない」と悪戦苦闘しながら、「現状の本質的な問題点」と「現状を打破する魅力的な突破口（仮説）」を見つけられるかがポイントになることを頭に入れておいてください。

┌─ 自分の言葉で説明できるかチェック ─

□ 左下の図を見ながら、「『課題解決型GD』の考え方の定石5ステップ」について説明できる？
□ 右下の図を見ながら、「『現状分析と仮説出し』に最も注力する重要性」について説明できる？

■「現状分析と仮説出し」に最も注力しよう

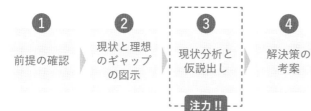

GD・インターン攻略編【対策2】準備をする❸

「課題解決型GD」の進め方

　次に「課題解決型GD」の進め方について解説していきます。進め方には、チームで認識を整える「共通認識化」タイムと、チームで議論を深める「発散と収束」タイムがあるので、左下の図を見ながら、全5ステップをどのように進めていくのかを1つずつ確認していきましょう。

　まず、❶前提の確認については「共通認識化」タイムです。「お題」や「前提条件」、曖昧な定義を明確化し、チームメンバー全員で共有していきましょう。次の、❷現状と理想のギャップの図示についても「共通認識化」タイムです。「現状と理想のギャップを埋める模式図」を活用して可視化し、全員の共通認識にしましょう。次の、❸現状分析と仮説出しと、❹解決策の考案については、「発散と収束」タイムになります。つまり、時間を決めてブレインストーミング的にチームメンバー全員が意見を出し合う発散タイムと、出た意見をグルーピングしながら構造的にまとあげていく収束タイムを、時間を区切ってそれぞれ行っていくことになります。ここで大切なのは、発散タイムではいきなり皆の意見を募るのではなく、短くてもいいので個人ワークをする時間を設定し、個人個人でアイデアを考え、それを発表するようにするということです。また、収束タイムでは、場に出たチームメンバーの意見を取捨選択し、チームの統一見解としてまとめ

■「発散」と「収束」をショートタームで繰り返し進行する

❶ 前提の確認 → ❷ 現状と理想のギャップの図示 → ❸ 現状分析と仮説出し → ❹ 解決策の考案 → ❺ プレゼン用アウトプット

共通認識化 → 共通認識化 → 発散タイム	発散タイム	共通認識化
収束タイム	収束タイム	

ていく必要があります。この際には、チームメンバー全員が、自分が出した意見に固執することなく、今回の議論の目的に照らし合わせて最も適切な意見はどれかを考えていく必要があります。**そして最後の、❺プレゼン用アウトプットは、再度「共通認識化」タイムとなります。**今までの全5ステップの議論をWHY（なぜ）→WHAT（何を）→HOW（どのように）のフレームワークに落とし込んでいく時にも、チームメンバー全員が納得できるようなまとめ方をしていきましょう。

　ここで、右下の図を見てください。❺プレゼン用アウトプットのまとめ方のポイントですが、WHY（なぜ）の部分では❷の現状と理想のギャップを埋める模式図を適用し、WHAT（何を）の部分では❸の現状分析と仮説出しの結果を示し、HOW（どのように）に部分では❹解決策の考案の結果を示すと非常にシンプルにまとまるので、ぜひ意識してみてください。

自分の言葉で説明できるかチェック

☐ 左下の図を見ながら、「共通認識化タイムと発散・収束タイムを繰り返す『課題解決型GD』の進め方」について説明できる？

☐ 右下の図を見ながら、「最終アウトプットは『WHY → WHAT → HOW』でまとめること」について説明できる？

■ 最終アウトプットは「WHY → WHAT → HOW」でまとめる

❶ 前提の確認　❷ 現状と理想のギャップの図示　❸ 現状分析と仮説出し　❹ 解決策の考案　❺ プレゼン用アウトプット

WHY　WHAT　HOW

なぜやるのか？（❷をまとめる）　何をやるのか？（❸をまとめる）　どのようにやるのか？（❹をまとめる）

GD・インターン攻略編【対策2】準備をする❹
「課題解決型GD」の注意点

　ここでは、「課題解決型GD」の注意点について述べておきます。まずは「課題解決型GD」の不合格者（低評価者）に多く見られる傾向と合格者（高評価者）に多くみられる傾向をお伝えしますので、**読者のみなさんは必ず合格者の進め方で進められるように訓練してください。**

　先ほども述べたように「課題解決型GD」では、「現状と理想のギャップを埋める模式図」を活用して、ギャップを埋められそうな有効な施策を皆で考案していくことになります。**不合格者の最大の特徴は、❹解決策の考案に時間の大半をかけようとし、「みんなでブレストしながらいいアイデアをたくさん出そう」とすることです。**つまり、不合格者は「とにかく有効そうな解決策を探す」思考になりがちです。しかし、簡単に有効な解決策が見つかるようなお題を企業は出題しませんので、解決策だけを議論して出した結論は表面的な解決策にとどまり、高評価を得られないことが多いのです。

　これに対して、**合格者の最大の特徴は、❸現状分析と仮説出しに時間の大半をかけようとし、「現状を様々な切り口で分析して本質的な課題を特定した上で、骨太な解決策の仮説を出そう」とすることです。**つまり、合格者は「現状分析をして本質的な課題を探す」思考をしています。こうす

■ 不合格者はアイデアに飛びつき、合格者は現状分析に注力する

	❶ 前提の確認	❷ 現状と理想のギャップの図示	❸ 現状分析と仮説出し	❹ 解決策の考案	❺ プレゼン用アウトプット
不合格者の典型	0%	0%	10%	70%	20%
				アイデアに飛びつく！	
合格者の典型	10%	10%	50%	20%	10%
			問題の本質を探る！		

ることで、解決策だけを議論した場合に比べて、より深く本質的な解決策が導き出される可能性が高まり、高評価を得られることが多いのです。また、仮に有効な解決策が導き出せなかった場合でも、深く現状分析をして問題の本質がどこにあるのかを探そうとする姿勢やその過程が評価され、合格となることが多いのです。

　次に、❸現状分析と仮説出しと、❹解決策の考案の2ステップにおける注意点を解説します。右下の図を見てください。❸のプロセスで仮説を出す時ですが、発散タイムに皆で意見を出し合い、様々な仮説を出してもらってOKなのですが、出した仮説に必ず優先順位をつけ、筋の良さそうな仮説を1つか2つに絞るようにしてください。そして❹の解決策の考案では、1つか2つの筋の良い仮説に限定して解決策を考えるようにしてください。総花的にすべての仮説に対して解決策を深掘りして考えるのではなく、仮説に優先順位をつけて進めることが重要だと覚えておいてください。

自分の言葉で説明できるかチェック

□ 左下の図を見ながら、「『課題解決型GD』の不合格者と合格者の特徴」について説明できる？
□ 右下の図を見ながら、「『課題解決型GD』で仮説に優先順位をつける重要性」について説明できる？

■最も有効な仮説はどれか？ 仮説に優先順位をつけよう

❶ 前提の確認 　 ❷ 現状と理想のギャップの図示 　 ❸ 現状分析と仮説出し 　 ❹ 解決策の考案 　 ❺ プレゼン用アウトプット

✕ 「出した仮説を全部やります！」　　◎ 「有効そうな仮説に絞ってやります！」

☑ 仮説1
☑ 仮説2
☑ 仮説3
☑ 仮説4
☑ 仮説5

☑ 仮説1
☑ 仮説2
□ 仮説3
□ 仮説4
□ 仮説5

 解決策を考える

GD・インターン攻略編【対策２】準備をする❺
「事業提案型GD」の考え方

　ここからは、GD・インターンで「事業提案型」のお題が出された場合の「定石」について解説していきます。まずは「事業提案型GD」の考え方について見ていきましょう。

　結論から言うと、「事業提案型GD」は左下の図の通り、６ステップで仕上げることができます。ここでは６ステップを１つずつ丁寧に見ていきましょう。

　まず、❶前提の確認から着手します。スタートでつまずかないように、「お題」と「前提条件」をメンバー全員で丁寧に確認します。定義が曖昧なものはこの段階ですべて定義してしまいましょう。次に、❷ターゲットの特定と困り事発見です。「新規事業は事業アイデアを探すのではなく、困っている人を探せ」という言葉通り、事業を考えるのではなく、誰が何にどれくらい困っているのかを見つけ出しましょう。ここで、❸現状と理想とギャップを図示し共有します。Chapter 3 - 4 - 3（190ページ）で示した「現状と理想のギャップを埋める模式図」を活用して全員の共通認識にしましょう。新規事業においては、ターゲットの現状と理想を描き切り、ギャップを埋めるサービスを考えることが大切です。次にようやく、❹サービス考案です。何をいくらでどのようにターゲットに提供し、ター

■「事業提案型GD」の考え方の定石６ステップはこれだ

❶	❷	❸	❹	❺	❻
前提の確認	ターゲットの特定と困り事発見	現状と理想のギャップの図示	サービス考案	顧客のハッピー体験の想像	プレゼン用アウトプット
お題と前提条件を言語化して共有する	誰が何にどれくらい困っているかを見つけ出す	ターゲットの現状と理想とギャップを図示し、共有する	何をいくらでどのようにターゲットに提供して、そのギャップを埋めていくかを考える	顧客はどのようにサービスを知り、どんな気持ちでサービスを使い、「ありがとう」と言ってお金を払ってくれるかをリアルに考える	考えたことをWHY→WHAT→HOWの順にまとめ、プレゼンの練習をする

ゲットの困り事を解決していくかを考えましょう。**そして次のプロセスが、❺顧客のハッピー体験の想像です。**ターゲットとなる顧客はどのようにサービスを知り、どんな気持ちでサービスを使い、「ありがとう」と言ってお金を払ってくれるかをリアルに考えましょう。**最後は、❻プレゼン用のアウトプット作成です。**ここでは、考えたことをWHY（なぜ）→WHAT（何を）→HOW（どのように）のフレームワークに落とし込んでいきます。とにかく「わかりやすさ」を第一優先にし、誰が聞いても理解できるシンプルで明快なアウトプットにまとめ、わかりやすいプレゼンをすることを心がけましょう。

　右下の図を見てください。**実は「事業提案型GD」の一番の注力ポイントは、❷ターゲットの特定と困り事発見です。**ここで、ターゲットは誰で、どんなことに困っていて、どの困り事の解決のためにどれくらいお金を払ってくれるのかを徹底的に考え抜くことが何より大切だということを頭に入れておいてください。

```
自分の言葉で説明できるかチェック
```

　□ 左下の図を見ながら、「『事業提案型GD』の考え方の定石6ステップ」について説明できる？
　□ 右下の図を見ながら、「『ターゲットの特定と困り事発見』に最も注力する重要性」について説明できる？

■「ターゲットの特定と困り事発見」に最も注力しよう

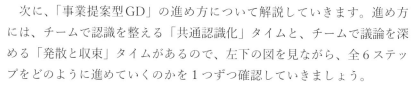

GD・インターン攻略編【対策2】準備をする❻
「事業提案型GD」の進め方

　次に、「事業提案型GD」の進め方について解説していきます。進め方には、チームで認識を整える「共通認識化」タイムと、チームで議論を深める「発散と収束」タイムがあるので、左下の図を見ながら、全6ステップをどのように進めていくのかを1つずつ確認していきましょう。

　まず、❶前提の確認については「共通認識化」タイムです。「お題」や「前提条件」、曖昧な定義を明確化し、チームメンバー全員で共有していきましょう。次の、❷ターゲットの特定と困り事発見は「発散と収束」タイムになります。ここで各メンバーがどんなターゲットのどんな困り事を発見できるかが新規事業の成否を決すると言っても過言ではないので、十分時間をとって納得のいく発散（個人ワークと発表）と収束（チームとしてどのアイデアで行くかの取捨選択）を行ってください。次の、❸現状と理想のギャップの図示については「共通認識化」タイムです。「ターゲットの現状と理想のギャップを埋める模式図」を活用して可視化し、全員の共通認識にしましょう。次の、❹サービス考案と、❺顧客のハッピー体験の想像については、「発散と収束」タイムになります。❹ではターゲットの困り事を解決し、ターゲットが喜んでお金を払ってくれるサービスを全員で考えてみてください。❺ではさらに掘り下げて、ターゲットがそのサー

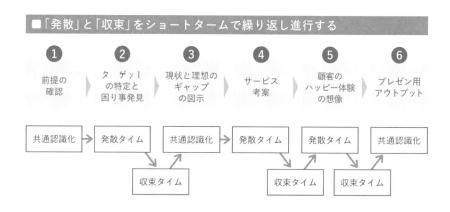

■「発散」と「収束」をショートタームで繰り返し進行する

ビスを使ってハッピーになっているシーンをリアルに想像していきます。サービスに満足して、どんなお礼の言葉を述べてくれるのかや、どんなポジティブな口コミを広めてくれるのかまで、全員で考えてみてください。

そして最後の、❻プレゼン用アウトプットは、また「共通認識化」タイムです。今までの全6ステップの議論をWHY（なぜ）→WHAT（何を）→HOW（どのように）のフレームワークに落とし込んでいく時にも、チームメンバー全員が納得できるようなまとめ方をしていきましょう。

　ここで、右下の図を見てください。❻プレゼン用アウトプットのまとめ方のポイントですが、WHY（なぜ）の部分では、❷ターゲットの特定と困り事発見と、❸の現状と理想のギャップを埋める模式図を適用し、WHAT（なにを）の部分では、❹のサービス考案の結果を示し、HOW（のように）の部分では、❺顧客のハッピー体験の想像の結果を示すと非常にシンプルにまとまるので、ぜひ意識してみてください。

┌─ 自分の言葉で説明できるかチェック ─
│
│　□ 左下の図を見ながら、「共通認識化タイムと発散・収束タイムを繰り返す『事業提案型GD』の進め方」について説明できる？
│　□ 右下の図を見ながら、「最終アウトプットは『WHY→WHAT→HOW』でまとめること」について説明できる？

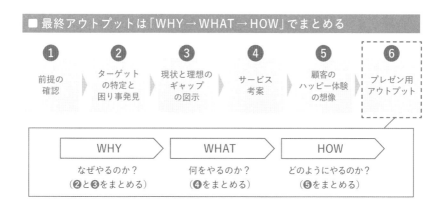

■最終アウトプットは「WHY→WHAT→HOW」でまとめる

❶ 前提の確認　❷ ターゲットの特定と困り事発見　❸ 現状と理想のギャップの図示　❹ サービス考案　❺ 顧客のハッピー体験の想像　❻ プレゼン用アウトプット

WHY　なぜやるのか？（❷と❸をまとめる）
WHAT　何をやるのか？（❹をまとめる）
HOW　どのようにやるのか？（❺をまとめる）

GD・インターン攻略編【対策2】準備をする❼
「事業提案型GD」の注意点

　ここでは「事業提案型GD」の注意点について述べておきます。まずは「事業提案型GD」の不合格者（低評価者）に多く見られる傾向と合格者（高評価者）に多く見られる傾向をお伝えしますので、**読者のみなさんは必ず合格者の進め方で進められるように訓練してください。**

　先ほども述べたように「事業提案型GD」では、まずは何かに困っている人（ターゲット）に着目し、「現状と理想のギャップを埋める模式図」を活用して、困っている人の現状と理想とのギャップを埋められそうなサービスを皆で考案していくことになります。**不合格者の最大の特徴は、**❹サービス考案に時間の大半をかけようとし、「みんなでブレストしながらいい事業アイデアをたくさん出そう」**とすることです。つまり、不合格者は「とにかく良さそうな事業を探す」思考になりがちです。**しかし、ビジネスはつまるところ誰かの課題解決をしてその対価としてお金をいただき成立するものなので、良さそうな事業を探しても誰の課題解決をしているかが不明確だと、高評価を得られないことが多いのです。

　これに対して**合格者の最大の特徴は、**❷ターゲットの特定と困り事発見と、❺顧客のハッピー体験の想像に時間の大半をかけようとし、「ターゲットになり切って、どんなサービスがあったら悩みが解決するかを考えよう

■ 不合格者は事業を探し、合格者は誰かの困り事を解決する

	❶ 前提の確認	❷ ターゲットの特定と困り事発見	❸ 現状と理想のギャップの図示	❹ サービス考案	❺ 顧客のハッピー体験の想像	❻ プレゼン用アウトプット
不合格者の典型	0%	0%	0%	80%	0%	20%
				アイデアに飛びつく！		
合格者の典型	10%	30%	10%	20%	20%	10%
		誰かのお金をかけてでも解決したい課題を探す			顧客になりきって、なぜ満足するのかを考える	

とする」ことです。つまり、合格者は「ターゲットの困り事と解決策を探す」思考をしています。こうすることで、提供者の論理に陥らず、実際に「これなら、このくらいのお金を喜んで払う」と顧客に言ってもらえるサービスの企画をすることができ、高評価を得られることが多いのです。

　次に、❷ターゲットの特定と困り事発見における注意点を解説します。右下の図を見てください。❷のプロセスでターゲットを考える時には、「できるだけ自分がその人の気持ちをリアルに想像できる人」をターゲットに設定するように心がけてください。自分と縁遠い人をターゲットに設定してしまうと、ターゲットの気持ちになり切ることができないため、絶対におすすめしません。その意味では、自分自身がターゲットとなるサービスを考案することは、非常に説得力が高まるのでおすすめです。

Chapter3

戦略②：突破する戦略

┌─ 自分の言葉で説明できるかチェック ─┐

　□ 左下の図を見ながら、「『事業提案型GD』の不合格者と合格者の特徴」について説明できる？
　□ 右下の図を見ながら、「『自分がリアルに想像できる人』の困り事の解決策を考える重要性」について説明できる？

■「自分がリアルに想像できる人」の困り事の解決策を考えよう

 前提の確認　 ターゲットの特定と困り事発見　 現状と理想のギャップの図示　 サービス考案　 顧客のハッピー体験の想像　 プレゼン用アウトプット

✕　自分と縁遠い人をターゲットにし、妄想で考える

◎　自分がリアルに想像できる人をターゲットにし、その人になりきって考える

　「ターゲットは自分です!!」の場合が最強

GD・インターン攻略編【対策2】準備をする❽

「役割ごとの注意点」を把握する

　GD・インターン攻略のための準備の2つ目は「役割ごとの注意点を把握してGD・インターンに臨む」ことです。よく「GD・インターンでは司会進行役（ファシリテーター）が選考突破に有利なので、何が何でも進行役を買って出たほうがいい」という意見を聞きますが、これは本当でしょうか？

　私は「司会進行役をするかどうかは選考結果には影響しない」と考えています。**司会進行役をする場合も、そうでない場合も企業担当者に適切にアピールして選考突破する方法があります**ので、ここではそのポイントをお伝えしていきます。まずはポイントを知り、その後はポイントに注意して振る舞えるように訓練を積むことが大切です。

　まずは、司会進行役を務める場合についてです。左下の図を見てください。**進行役をする場合、意識すべきなのは「チームメンバー全員で協働し、良質なアウトプットを出す手助けをする」**ことです。要素としては①「全メンバーを議論に巻き込んで活発な議論ができるか？」と②「議論の結果、良質なアウトプットを出せるか？」に分類できます。①を実現するためには、全メンバーが意見を言いやすくなるように場の雰囲気を作ったり、人に話を振ってみたり、人の話をまとめたりすることが大切です。また、②

■ 進行役（ファシリテーター）をする場合の注意点はこれだ

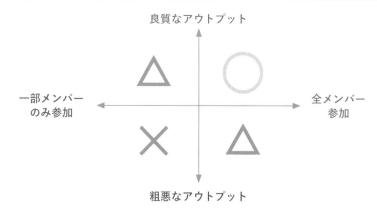

を実現するためには、常に議論が目的に沿ったものになっているか、論点が明確になっているか、ゴールに向かって進んでいるかなどを意識して進行する必要があります。①「全員を完全燃焼」させ、②「評価する社員を唸らせるアウトプットを出す」ことができたら最高です。

　次に、進行役を務めない場合についてです。右下の図を見てください。**進行役をしない場合、意識すべきなのは「場を適切に理解し、アウトプットに貢献する」**ことです。これについては、【対策3】「GD・インターンの作法を守る」の部分で詳細に解説しますが、要素としては①「場を適切に理解し、その場その場で臨機応変に振る舞えるか？」と②「アウトプットにどれだけ貢献できるか？」に分類できます。①を実現するためには鋭い観察眼と必要な役割の把握力が求められます。また、②を実現するためには、ゴールイメージを持ち、常にポイントは何かを考え続けることが必要です。

　まずは、進行役をする場合も、しない場合も、それぞれの意識すべきポイントを頭に焼き付けてください。

　自分の言葉で説明できるかチェック

□ 左下の図を見ながら、「GDで進行役（ファシリテーター）をする場合の注意点」について説明できる？
□ 右下の図を見ながら、「GDで進行役（ファシリテーター）をしない場合の注意点」について説明できる？

■ 進行役（ファシリテーター）をしない場合の注意点はこれだ

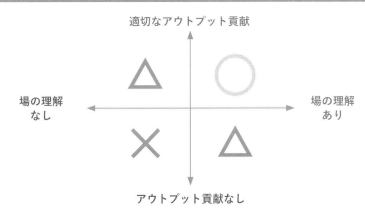

GD・インターン攻略編【対策3】作法を守る❶
「場の理解」と「適切な振る舞い」を心掛ける

　ここからは、GD・インターン攻略編の【対策3】「GD・インターンの作法を守る」に入ります。**GD・インターン攻略のために守るべき作法の1つ目は「場を理解し、その場に合った適切な振る舞いをする」ことです。**

　このページを読んでいる就活生のみなさんは、すでにGD・インターンの定石を一通り理解し、お題が出された時にどのような手順で進めてアウトプットを出していけばいいかのイメージはついていると思います。自分で進めるイメージを持ってないのに無理やり他人と一緒に進めても、まず間違いなく高評価は得られません。まだ自分で進めるイメージがついていない人は、「急がば回れ」で、ひたすら訓練し、まずは定石を自分のものにしてから、GDやインターンの場に出ていくようにしてください。

　本番では、GDやインターンが始まったら、まずは自分の中でスタートからゴールまでのイメージを整理して、「自分1人で進めるとすると、こんな進め方で、こんなアウトプットを出すだろうな」と想像する余裕を持ってください。その上で**序盤は、「人間観察」と「場の観察」をしっかり行うことをおすすめします。**まずはメンバーの実力把握とキーパーソンの見定めをしましょう。議論をかき乱しかねない要注意人物のチェックも重要です。目的は「誰を中心に議論を進めていけばいいのか」と「誰に注

■ 序盤は全メンバーの実力把握とキーパーソンの見定めをしよう

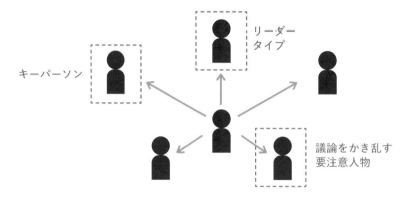

リーダータイプ

キーパーソン

議論をかき乱す要注意人物

意して議論を進めていけばいいのか」の把握です。

　次に、進行役のガイドに合わせて議論を進行していく時ですが、「議論が正しい方向に進んでいるか」を他のどのメンバーよりも常に意識するようにしてください。そして、ひとたび「議論がおかしな方向に進み始めたな」と感じたら、理由とともに「今、議論が少し変な方向に進んでいるような気がするので、ここに注意して進めていきませんか？」とメンバー全員に問いかけ、軌道修正するようにしてください。

　何度もGDやインターンの評価者をしてきた経験から言いますが、**高評価を得られるのは「自分で進めるイメージがついており、かつ、場を理解し、場に合わせた適切な振る舞いができる人」**です。「議論に没入して周りが見えなくなる人」になるよりも、「常に場全体を客観的にとらえながら議論の進行を見守れる人」になるという心構えを持つといいと思います。

自分の言葉で説明できるかチェック

☐ 左下の図を見ながら、「序盤は全メンバーの実力把握とキーパーソンの見定めが重要だということ」について説明できる？
☐ 右下の図を見ながら、「おかしいと思った時に『おかしい気がする』と言える重要性」について説明できる？

■ おかしいと思った時に「おかしい気がする」と言える勇気を持つ

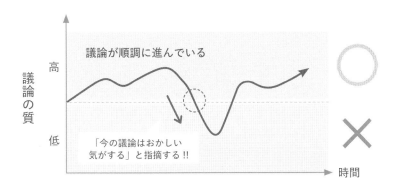

GD・インターン攻略編【対策3】作法を守る❷
「アウトプットへの貢献」に フォーカスする

　GD・インターン攻略のために守るべき作法の2つ目は「アウトプットへの貢献を意識する」ことです。では、GD・インターンでの議論中、何に気をつけていれば「アウトプットへの貢献」につながりやすいのでしょうか？

　まず意識すべきことは、議論の最中は常に、チームメンバーの発言に対して次の3点を確認する意識を持つことです。**1つ目は「発言（主張）の理由の確認」**です。「今の○○さんの発言は、どういう理由（背景）から出たものですか？」と聞くようにしましょう。主張と理由をセットで把握することで、意見が対立した際にも背景までさかのぼって考えることができ、非常に有効です。2つ目は、**「発言が目的に沿っているかの確認」**です。「今の○○さんの発言は、みんなで議論している目的に合っていますか？」と聞くようにしましょう。目的に合致してこそ、良い意見だと言えます。メンバー全員が目的を意識して議論を進められるように導きましょう。**3つ目は、「言葉の定義の確認」**です。「今、○○さんは□□という言葉を使いましたが、メンバー全員が同じ認識を持てるように□□はどういうことか明確に定義しておきましょう」と投げ掛けていきましょう。言葉の定義を整えておくことで、後で認識違いが起きにくくなります。

■ 発散時の「理由の確認」「目的の確認」「言葉の定義の確認」

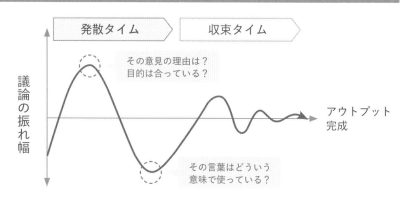

そして、議論を収束させるフェーズにおいて、チームのアウトプットを「よりシャープに」「よりシンプルに」していくことを心がけましょう。GDやインターンのアウトプットで最も多いのが、言いたいことの優先順位がつけられておらず「全部盛り（全部乗せ）」になっているアウトプットです。実はビジネスシーンでは、これが一番評価されません。「一番言いたいことは何？」「一言で言うと何？」「何が"幹"で何が"枝葉"？」「優先順をつけるとしたらどうなる？」などを積極的にチームメンバーに投げかけて、アウトプットのシャープ化、シンプル化に貢献する意識を強めてください。

　最後にお伝えしたいのは、GDやインターンでは、必ずしも「あなた自身のアイデアでチームを勝たせる」必要はないということです。**自分のアイデアに固執してそれを押し通すよりも、人のアイデアを積極的に磨いて「私がいたからチームのアウトプットの質が高まった」と胸を張って言える状態を目指しましょう。**

自分の言葉で説明できるかチェック

☐ 左下の図を見ながら、「『理由の確認』『目的の確認』『言葉の定義の確認』の重要性」について説明できる？
☐ 右下の図を見ながら、「収束タイムの合意形成におけるアウトプットのシンプル化の重要性」について説明できる？

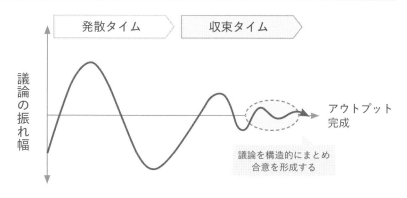

■ 収束時の合意形成とアウトプットのシャープ化・シンプル化

発散タイム　収束タイム

議論の振れ幅

アウトプット完成

議論を構造的にまとめ合意を形成する

3-1

- Chapter 3では、ES攻略編、面接攻略編、GD・インターン攻略編に分けて、それぞれ「ルールを知る」「準備をする」「作法を守る」の３つの対策を行い、誰でも自分の志望企業の選考を突破する方法論を解説している。３つの対策の中で最も重視すべきは【対策２】「準備をする」であり、読者のみなさんには本番で「余裕」が生まれるほどの最高の準備を心がけてほしい。

- 新卒の就活は言い換えるならば、「その企業にとっての自分の価値を企画し、ES、面接、GD・インターンといった選考でそれを提案し、企業担当者の承認を得られるかどうかの勝負」と言える。より具体的に言えば、応募者が「私は御社にとって価値があり、採用すべき人材です」と主張し、企業担当者に「確かにあなたは当社にとって価値がありそうなので採用します」と言ってもらえるかの勝負と言える。この勝負に勝つためのキーワードは「相思相愛の確認」だ。すべての選考で「機会があれば相思相愛の確認をする」ことを忘れずに、本書の方法論に従って３つの対策を進めてほしい。

- もし読者のみなさんの中で、「他の就活生に差をつけ、圧倒的な存在感を見せつけて内定を獲得したい人」がいれば、Chapter 3-1-6（160ページ）で紹介している参考書籍６冊を読破し、就活の地力とも言える「思考力」「言語化力」「伝達力」を底上げする努力をしてほしい。

3-2

- ES攻略編では、【対策１】「ESのルールを知る」、【対策２】「ESの準備をする」、【対策３】「ESの作法を守る」をすべて理解した上で、実際のES作成に取り組んでほしい。

- 【対策1】「ESのルールを知る」では、「（ESを評価する企業担当者に）何も感じさせないES」を今後絶対書かないことを推奨し、「論理性、熱意、存在感の3つの要素すべてを高いレベルで示したESが書けるようになること」が合格の鍵になると解説している。

- 【対策2】「ESの準備をする」では、3C分析のフレームワークを意識して、「（ESを書き始める前に）自己分析と企業分析を徹底的にする」ことと、「（ESを書き始める前に）ライバル学生との差別化ポイントを徹底的に考え抜く」ことの重要性を解説している。

- 【対策3】「ESの作法を守る」では、「設問の意図（狙い）を理解して、意図に100％沿った回答を書く」ことと、「伝わる4大原則を守りながら、具体と抽象のバランスを意識して、伝わる文章を書く」ことの重要性を解説している。

- ES攻略編の3つの対策をすべて理解した後は、実際にESを書き、どれだけ徹底できているかを他人にチェックしてもらうことを推奨している。客観的な目線で評価してもらうことで、自分の思い込みを排除し、より選考突破確率が高いESを書けるようになってほしい。

3-3

- 面接攻略編では、【対策1】「面接のルールを知る」、【対策2】「面接の準備をする」、【対策3】「面接の作法を守る」をすべて理解した上で、実際の面接練習に取り組んでほしい。

- 【対策1】「面接のルールを知る」では、「相思相愛の確認をしない面接」を金輪際止めることを推奨し、「コミュニケーション能力、フィット感、覚悟・本気度の3つの要素すべてを高いレベルで示せるようになること」が合格の鍵になると解説している。

- 【対策2】「面接の準備をする」では、3C分析のフレームワークを意識して、「（面接を受け始める前に）自己分析と企業分析を徹底的にする」

ことと、「(面接を受け始める前に)ライバル学生との差別化ポイントを徹底的に考え抜く」ことの重要性を解説している。

● 【対策 3】「面接の作法を守る」では、「非言語コミュニケーション (NVC) を意識して最大限感じのいい自分を出し切る」ことと、「面接官の質問の意図を理解して、設問に対して適切な回答をする」ことの重要性を解説している。

● 面接攻略編の 3 つの対策をすべて理解した後は、実際に模擬面接を受け、どれだけ徹底できているかを他人にチェックしてもらうことを推奨している。客観的な目線で評価してもらうことで、自分の思い込みを排除し、より選考突破確率が高い面接での振る舞いができるようになってほしい。

3-4

● GD・インターン攻略編では、【対策 1】「GD・インターンのルールを知る」、【対策 2】「GD・インターンの準備をする」、【対策 3】「GD・インターンの作法を守る」をすべて理解した上で、実際の GD・インターン練習に取り組んでほしい。

● 【対策 1】「GD・インターンのルールを知る」では、「定石を理解しないまま GD・インターンに参加すること」は金輪際止めることを推奨し、「コミュニケーション能力、リーダーシップ、アウトプット貢献の 3 つの要素すべてを高いレベルで示せるようになること」が合格の鍵になると解説している。

● 【対策 2】「GD・インターンの準備をする」では、「(実際に GD・インターンを受け始める前に)課題解決型 GD と事業提案型 GD の定石を理解する」ことと、「(実際に GD・インターンを受け始める前に)進行役をする場合、しない場合の注意点を理解する」ことの重要性を解説している。

● 【対策3】「GD・インターンの作法を守る」では、「場の理解と適切な振る舞いをする」ことと、「明らかなアウトプットへの貢献をする」ことの重要性を解説している。

● GD・インターン攻略編の3つの対策をすべて理解した後は、実際にGDの練習に参加し、どれだけ徹底できているかを他人にチェックしてもらうことを推奨している。客観的な目線で評価してもらうことで、自分の思い込みを排除し、より選考突破確率が高いGD・インターンでの振る舞いができるようになってほしい。

Chapter *4*

戦略③：決めきる戦略

- -

「意思決定表の作成」 で入社すべき 1 社を 決めきれる

この Chapter で学ぶこと

	内定先 A 社	内定先 B 社	内定先 C 社
比較項目①	- - - - - -	- - - - - -	- - - - - -
比較項目②	- - - - - -	- - - - - -	- - - - - -
比較項目③	- - - - - -	- - - - - -	- - - - - -
・・・	・・・	・・・	・・・
最終評価 （序列化）	2 位	1 位	3 位

入社すべき 1 社

「意思決定表」とは何か？

　Chapter 4 では、「意思決定表の作成」で入社すべき 1 社を決めきる方法論を 1 つずつ丁寧に解説していきます。

　就活における「意思決定表」とは何でしょうか？　**「意思決定表」は、就活生が入社先を理路整然と決められるように私が考案したもので、一言で言うと「内定先企業を同じ評価項目で冷静に比較検討するための一覧表」**です。右下の図を見てください。意思決定表は「共感ポイント」「適合ポイント」「入社時確認事項」「ロールモデル社員」「3 年後ビジョン」「将来ビジョン」「メンター」「キーパーソン」「プラス評価」「マイナス評価」「最終評価（序列化）」の 11 項目で構成されています。

　Chapter 4 では「意思決定表」の作成を、合計 8 つのステップで完了させていきましょう。

　まずステップ①では、自分が選考時に掲げていた「共感ポイント」と「適合ポイント」の振り返りを行います。ステップ②③では、内定者として内定先企業の人事担当者に「入社時確認事項」と「ロールモデル社員」についてインタビューを行います。ステップ④では、そのインタビュー結果に基づいて「3 年後ビジョン」を設定します。「3 年後ビジョン」は「その企業で 3 年間働いて、こんな自分になりたいと思える 3 年後の自分の理想の姿」のことです。ステップ⑤では、自分が選考時に作成した「キャリア戦略マップ」の「将来ビジョン」の振り返りを行い、現状と「3 年後ビジョン」と「将来ビジョン」の整合性を確認します。ステップ⑥では、内定先別にお世話になっているメンターの情報とメンター以外のキーパーソンの情報を書き出していきます。ここまでの 8 項目で比較検討に必要な材料は出揃ったと言えます。

　上記 8 項目をすべて「意思決定表」に反映させたら、ステップ⑦でいよいよ意思決定の根拠となる「内定先のプラスポイントとマイナスポイントの書き出し」を行います。そして最後に、ステップ⑧で、出揃ったプラスポイントとマイナスポイントを確認しながら、すべての内定先の序列化を行い、最終的に入社企業 1 社を決めていきましょう。

「意思決定表」の作成を本書の方法論でしっかりやれば、理路整然と入社すべき1社が決めきれるので、最後まで力を緩めずやっていきましょう。

自分の言葉で説明できるかチェック

 □ 右下の図を見ながら、「『意思決定表』の概要」について説明できる？

■「意思決定表の作成」で入社すべき1社を決めきれる！

	A社（商社）	B社（人材業界）	C社（コンサル業界）
共感ポイント	■ 売上・利益 ■ 給与水準と評価制度 ■ 成長戦略	■ 企業理念 ■ 事業内容 ■ 成長環境	■ 給与水準と評価制度 ■ 1年目の仕事内容
適合ポイント	■ ストレス耐性が高い ■ 海外志向が強い	■ 論理的思考力がある ■ リーダーシップ・統率力がある	■ 論理的思考力がある ■ 思考体力がある
入社時確認事項	■ 企業からの評価ポイントと期待されていること ■ 採用人数（同期の数） ■ 配属・仕事内容・研修内容 ■ 初任給（期待年俸）と30歳モデル年俸	■ 企業からの評価ポイントと期待されていること ■ 採用人数（同期の数） ■ 配属・仕事内容・研修内容 ■ 初任給（期待年俸）と30歳モデル年俸	■ 企業からの評価ポイントと期待されていること ■ 採用人数（同期の数） ■ 配属・仕事内容・研修内容 ■ 初任給（期待年俸）と30歳モデル年俸
ロールモデル社員　エース	■ XXXさん ■ エネルギー部門	■ XXXさん ■ 商品企画部	■ XXXさん ■ マネージャー
ハイ	■ XXXさん ■ 鉄鋼部門	■ XXXさん ■ 営業部	■ XXXさん ■ マネージャー
ミドル	■ XXXさん ■ コンシューマサービス部門	■ XXXさん ■ マーケティング部	■ XXXさん ■ アソシエイト
3年後ビジョン	■ A社における 3年後ビジョン	■ B社における 3年後ビジョン	■ C社における 3年後ビジョン
将来ビジョン	15年で事業責任者／年収1,200万円		
メンター	■ XXXさん（人事部）	■ XXXさん（人事部）	■ XXXさん（アソシエイト）
キーパーソン	■ XXXさん（部長）	■ XXXさん（執行役員）	■ XXXさん（プリンシパル）
プラス評価	1. プラスポイント 2. プラスポイント 3. プラスポイント	1. プラスポイント 2. プラスポイント 3. プラスポイント	1. プラスポイント 2. プラスポイント 3. プラスポイント
マイナス評価	1. マイナスポイント 2. マイナスポイント 3. マイナスポイント	1. マイナスポイント 2. マイナスポイント 3. マイナスポイント	1. マイナスポイント 2. マイナスポイント 3. マイナスポイント
最終評価（序列化）	1位	3位	2位

Chapter4

戦略③：決めきる戦略

「意思決定表」の作成：STEP ❶
内定先別「共感ポイント」
「適合ポイント」の振り返り

　ここでは、「共感ポイント」と「適合ポイント」を「意思決定表」に反映していくプロセスについて解説していきます。

　本書の方法論（戦略①「探し出す戦略」）に従って就活を進めてきた就活生のみなさんにとってはなじみ深いかもしれませんが、戦略③「決めきる戦略」から読み始める就活生も一定数いると思いますので、もう一度ここで「共感ポイント」と「適合ポイント」について振り返り、認識を整えておきます。

　まずは「共感ポイント」についてです。戦略①「探し出す戦略」の企業分析のパートで、企業のハード面5項目とソフト面5項目の合計10項目について調べ、特に共感できる項目を「共感ポイント」として志望動機に盛り込む方法論を伝えてきました。ハード面には「答えが1つに定まりやすい項目」として「①企業理念（ミッション・ビジョン）」「②事業内容」「③売上・利益」「④成長戦略」「⑤給与水準と評価制度」の5項目があり、ソフト面には「答えが1つに定まりにくい項目として」として「⑥企業文化・企業風土」「⑦活躍する先輩社員」「⑧（主に1年目の）仕事内容」「⑨成長環境」「⑩キャリア形成イメージ」がありました。

　ここでは上記の10項目のうち、自分が内定先企業に対して強く共感している項目を選び、意思決定表に反映してもらえればと思います。

　次に「適合ポイント」についてです。同じく戦略①「探し出す戦略」の企業分析のパートで、企業が「新卒に求める人材像」と、その企業で「活躍する先輩社員の特徴」を調べ、自分の特性と合う項目を「適合ポイント」として志望動機に盛り込む方法論を伝えてきました。

　ここでは改めて内定先企業の「新卒に求める人材像」（できれば「活躍する先輩社員の特徴」）も思い出し、自分のどこが合致しているのかを考え、合致しているポイントを複数選んで意思決定表に反映してもらえればと思います。

　ここまで読んで、「共感ポイント」と「適合ポイント」に関して理解に不足がある読者のみなさんは、お手数ですがChapter 2-10-1「『マッチ

ング評価』とは？」（132ページ）、Chapter 2 -10- 2「『マッチング評価』の方法」（134ページ）を一読した後に、自分にあてはめて考え、その結果を「意思決定表」に反映するようにしてください。

　例えば、217ページの図のA社（商社）の「共感ポイント」は、「売上・利益」「給与水準と評価制度」「成長戦略」となり、「適合ポイント」は、「ストレス耐性が高い」「海外志向が強い」となります。この例を参考にしながら、自分のすべての内定先について、「共感ポイント」と「適合ポイント」の「意思決定表」への反映を進めてください。

自分の言葉で説明できるかチェック

☐ 右下の図を見ながら、「『共感ポイント』『適合ポイント』の意思決定表への反映方法」について説明できる？

■「共感ポイント」「適合ポイント」を意思決定表に反映する

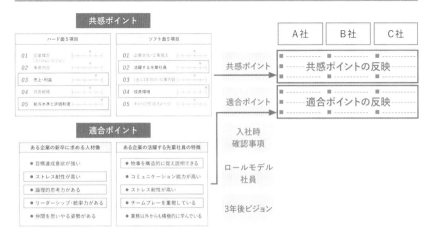

「意思決定表」の作成：STEP ❷
内定先別「入社時確認事項」の確認

　ここでは、「入社時確認事項」を内定先の人事担当者に確認していくプロセスについて解説していきます。

　そもそも「入社時確認事項」とは何でしょうか？　私の答えは、一言で言うと「入社にあたって最低限内定先企業に確認しておきたい項目」です。入社時確認事項は、右下の図のように①「企業からの評価ポイントと期待されていること」、②「新卒採用人数（同期の人数）」、③「配属・仕事内容・研修内容」、④「初任給（期待年俸）と30歳モデル年俸」の4項目に分かれます。以下、4項目の詳細を見ていきましょう。

　①「企業からの評価ポイントと期待されていること」は、自分と内定先企業にミスマッチがないかを確認する意味で最重要です。まず、「企業からの評価ポイント」ですが、「自分の内定理由の深掘り」と同じ意味だと思ってください。「この度は内定をいただきありがとうございます。自分のどんな点が評価されて御社から内定をいただけたのか、教えていただけると嬉しいです」と聞いてみましょう。次に、「期待されていること」ですが、「入社後、自分はどんな活躍を期待されているか」と同じ意味だと思ってください。「もし御社に入社させていただいたら、自分はどんなふうに働いて、どんな風に御社に貢献することを期待されているでしょうか？」と聞いてみましょう。どちらの質問も、できれば内定先企業の最終面接官にぶつけてみてください。もし「企業からの評価ポイントと期待されていること」が自分の感覚と大きくズレている場合、その企業に入社してもミスマッチですぐに退職するリスクがあるので十分注意が必要です。

　②「新卒採用人数（同期の人数）」と顔ぶれは、入社後自分の仲間やライバルになる同期社員について知っておくという意味で重要です。同期社員は今後、仕事の悩みを相談する仲間でもあり、仕事を通じて切磋琢磨するライバルでもあります。仲間やライバルが何人くらいいて、どんな個性のあるメンバーが揃っているのか、わかる範囲で確認しましょう。内定者の集いや内定者研修に参加して、実際に内定者と話をしてみることをおすすめします。

③「配属・仕事内容・研修内容」は、自分のキャリアのスタート地点についてイメージするという意味で重要です。配属や仕事内容、研修内容については、人事担当者に前年度の実績ベースで教えてもらいましょう。配属や仕事内容については「いつ、どのように決められたのか？」を、研修については「いつ、どんな研修が実施されたのか？」を、前年度の事例で説明してもらいましょう。

④「初任給（期待年俸）と30歳モデル年俸」は、自分のキャリアのスタート地点と中間地点の金銭的報酬について、イメージを深めるという意味で重要です。初任給（期待年俸）については、賞与も込みで最低この程度、最高この程度、平均でこの程度というように、前年度実績ベースで説明してもらいましょう。初任給は同期の間であまり差がつかない企業でも、5年以上働いた後の30歳モデル年俸では同期の間で大きな差がつくところもあります。その意味で、30歳時点では最低水準でこの程度、平均でこの程度、最高水準でこの程度というように、その企業の実例をざっくり教えてもらい、どれだけ差がつくのか、イメージをつけるようにしましょう。

自分の言葉で説明できるかチェック

　□ 右下の図を見ながら、「４つの『入社時確認事項』の詳細」について説明できる？

■ 入社時確認事項を内定先に確認しよう

01　企業からの評価ポイントと期待されていること

02　新卒採用人数（同期の人数）

03　配属・仕事内容・研修内容

04　初任給（期待年俸）と30歳モデル年俸

「意思決定表」の作成：STEP ❸
内定先別「ロールモデル社員」 の確認

　ここでは、「ロールモデル社員」を内定先の人事担当者に確認していくプロセスについて解説していきます。そもそも「ロールモデル社員」とは何でしょうか？　私の答えは、一言で言うと**「就活生のみなさんが内定先企業に入社した時に、自分も将来この人のようになれたらいいなと思える、自分にとっての模範社員」**のことです。ここで左下の図を見てください。私は内定先のロールモデル社員を確認する際は、ミドルパフォーマーとハイパフォーマーとエース社員（ハイパフォーマーのうち特に優秀な社員）の３層に分けて、人事担当者にインタビューしてみることをおすすめします。人事担当者から、この３層の代表的な現役先輩社員について教えてもらう形でもいいですし、人事担当者に該当する社員を紹介してもらい直接インタビューする形でもいいと思います。

　では、「ロールモデル社員」についてインタビューする際は、どんなことを質問すればいいのでしょうか？　私の答えは、一言で言うと「ロールモデル社員が入社１年目、２年目、３年目にかかわった、①代表的なプロジェクトの内容と、②プロジェクトへのかかわり方と、③プロジェクトの結果と自己成長の３つの要素（これらを総称して年度ごとの「職務経歴概要」と呼びます）」を聞くべきだと思います。以下、質問すべき３つの要

■ 3層（エース・ハイ・ミドル）のロールモデル社員を確認しよう

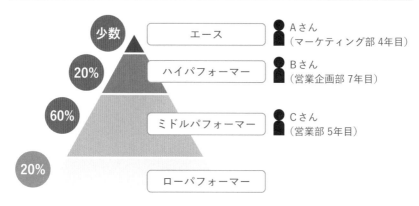

素について詳述していきます。

　まず、①代表的なプロジェクトの内容ですが、「その先輩社員がその1年間で一番成長したプロジェクト」について教えてもらうようにしてください。1年目はこれ、2年目はこれ、3年目はこれ、というように一番成長したプロジェクトを年度ごとに1つずつ、教えてもらいましょう。

　次に、②プロジェクトへのかかわり方ですが、どんな立場・役割を担ったのか、どの程度主導的にプロジェクトにかかわることができたのかを聞くようにしてください。このかかわり方の部分は、どの程度若手の頃から裁量権を持って働けるのかを確認する意味もあると認識してください。

　最後に、③プロジェクトの結果と自己成長ですが、まず、そのプロジェクトはどんな目的で何を目標にして行っていたのかをヒアリングしてください。その上で、結果はどうだったのか（「目的は実現できたか？　目標はどの程度達成できたのか？　その理由は何なのか？　など」）を聞きしましょう。そして、ここが一番大事ですが、プロジェクトにかかわってどんな成長を遂げたのかを、詳しく教えてもらいましょう。

　自分の言葉で説明できるかチェック

　□　左下の図を見ながら、「3層（エース・ハイ・ミドル）の現役先輩社員の事例を確認する重要性」について説明できる？
　□　右下の図を見ながら、「先輩社員の1年目・2年目・3年目の職務経歴概要を確認する重要性」について説明できる？

■ ロールモデル社員の職務経歴概要（年度ごと）を確認しよう

	プロジェクト内容		プロジェクトへのかかわり方		
入社1年目	1年目で経験した代表的プロジェクト	×	○○という役割（XXを担当・推進）	=	プロジェクトの結果と1年目の成長
入社2年目	2年目で経験した代表的プロジェクト	×	○○という役割（XXを担当・推進）	=	プロジェクトの結果と2年目の成長
入社3年目	3年目で経験した代表的プロジェクト	×	○○という役割（XXを担当・推進）	=	プロジェクトの結果と3年目の成長

Aさん（マーケティング部4年目）の場合

「意思決定表」の作成：STEP ❹
内定先別「３年後ビジョン」の設定

　ここでは、現役先輩社員（ロールモデル社員）の職務経歴概要を参考にした、自分ならではの「３年後ビジョン」の作り方について解説していきます。

　そもそも「３年後ビジョン」とは何でしょうか？　私の答えは、一言で言うと「その企業で３年間働いて、こんな自分になりたいと思える３年後の自分の理想の姿」のことです。左下の図を見てください。「３年後ビジョン」は、自分１人で設定すると、独りよがりでリアリティのないものになりがちです。そうならないように、**まずは先輩社員の職務経歴概要についてインタビューした資料を見ながら、どの人が自分のロールモデルになりそうかを考えてみてください。**職務経歴概要では、①プロジェクトの内容と、②プロジェクトへのかかわり方と、③プロジェクトの結果と自己成長の３つの要素を年度別にまとめているはずですので、これを参考にすることで自分の年度ごとの成長イメージがつきやすくなるはずです。

　次に、右下の図を見てください。**自分のロールモデルになりそうな社員を決めたら、ロールモデル社員のすごいところ（自分もこんなふうになれるといいなと思うところ）を、①能力面、②人物面、③経済面に分けてまとめていきましょう。**

■ 現役先輩社員の職務経歴概要を参考にしよう

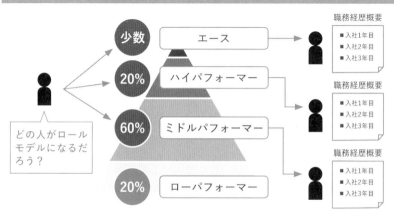

まず、①能力面ですが、「どんなスキルを身につけているか？」「どんな仕事ができるようになっているか？」「どんな実績をあげてきたのか？」に注目してまとめてみてください。

　次に、②人物面ですが、「どんな考え方をしているか？」「どんなスタンスで仕事をしているか？」「周り（上司、部下、同期、お客さん、パートナー企業の社員）からどんな人だと思われているか？」に注目してまとめてみてください。

　最後に③経済面ですが、「どれくらいの年収を得ているか？」をわかる範囲で記入してみてください。

　ロールモデル社員についてまとめたら、次はいよいよ自分自身の「３年後ビジョン」を設定しましょう。**「能力面、人物面、経済面で、３年後には自分はこうなっていたい」と心から思えるビジョンを設定するようにしてください。ポイントは「この３年後ビジョンを実現している自分を想像するとワクワクするか？」「この３年後ビジョンを自分の周りの大切な人に自信を持って宣言することができるか？」**です。

自分の言葉で説明できるかチェック

□ 左下の図を見ながら、「『３年後ビジョン』の設定の前に現役先輩社員からロールモデルを探す方法」について説明できる？
□ 右下の図を見ながら、「ロールモデルを参考に、能力面、人物面、経済面でなりたい姿を決める方法」について説明できる？

■ 内定先別に「３年後ビジョン」を設定しよう

ロールモデルのすごいところ	➤	自分の３年後ビジョン

能力面
■ 目標達成力が強い
■ リーダーシップ・統率力が強い

人物面
■ 部下から人望がある
■ 向上心が強い

経済面
■ X年目でXXX万円程度

能力面
■ ロールモデルを参考にして記述

人物面
■ ロールモデルを参考にして記述

経済面
■ ロールモデルを参考にして記述

「意思決定表」の作成：STEP ❺
「将来ビジョン」の振り返り

　ここでは、「キャリア戦略マップ」の「将来ビジョン」の振り返りを行い、現状と自分が設定した「３年後ビジョン」と「将来ビジョン」のつながりについて考察していきます。

　本書の方法論（戦略①「探し出す戦略」）に従って就活を進めてきた就活生のみなさんにとってはなじみ深いかもしれませんが、戦略③「決めきる戦略」から読み始める就活生も一定数いると思いますので、もう一度ここで「将来ビジョン」について振り返り、認識を整えておきます。

　戦略①「探し出す戦略」の自己分析のパートで、「キャリア戦略マップ」を作成し、「将来ビジョン」を固めて、業界や業種を絞り込んで逆算で就活戦略を策定していく方法論を伝えてきました。**「将来ビジョン」とは、「自分が仕事を通じて何年でどんな姿になりたいか」を定義していくこと**です。「将来ビジョン」決定のポイントは①「目指したい姿」と、②「実現スピード」の明確化でした。

　ここまで読んで、「将来ビジョン」に関して理解に不足がある読者のみなさんは、お手数ですがChapter 2-6-5「『将来ビジョン』の作り方②」（98ページ）を一読した後に、自分に当てはめて考え、その結果を「意思決定表」に反映するようにしてください。

■「キャリア戦略マップ」の「将来ビジョン」を意思決定表に反映する

ここでは左下の図のように、自分の設定した「将来ビジョン」を意思決定表に反映してください。つまり、**何年でどんな姿になっていたくて、どの程度の収入を得ていたいかを記入するようにしてください**（「将来ビジョン」は内定先によらず共通項目になります）。

　そして右下の図を見てください。**先ほど設定した「３年後ビジョン」が、①現時点で目指したいと言えるものになっているか？（ワクワクするものになっているか？）、②「将来ビジョン」の実現のための第一歩になっているか？（将来ビジョンにつながっているか？）の２点を確認してください。**

　もしこの２点について納得のいかない「３年後ビジョン」になっていたら、その内定先企業の「３年後ビジョン」を再度考え直すことをおすすめします。ファーストキャリアでの３年間は、ここで設定した「３年後ビジョン」を実現すべく頑張って働いていくことになるので、「３年後ビジョン」は目指す価値のあるワクワクするものになるまで妥協なく考え抜いて設定してください。

自分の言葉で説明できるかチェック

□ 左下の図を見ながら、「『キャリア戦略マップ』の『将来ビジョン』を意思決定表に反映する方法」について説明できる？
□ 右下の図を見ながら、「現状と『３年後ビジョン』と『将来ビジョン』のつながりを意識する重要性」について説明できる？

■3年後ビジョンと将来ビジョンのつながりを確認しよう

「意思決定表」の作成：STEP ❻
内定先別「メンター」 「キーパーソン」の整理

　ここでは、就活を通じて自分がお世話になっている内定先企業の「メンター（またはリクルーター）」と、自分の意思決定に影響を与える可能性がある内定先企業の「キーパーソン」について、一緒に整理していきましょう。

　右下の図を見てください。まずは、**内定先企業で自分を担当してくれている社員の名前と所属・役職を「メンター」の欄に書きましょう**。企業によって、人事担当者がメンターやリクルーターをするところもあれば、現場社員がメンターやリクルーターとしてつくところもありますが、自分を担当してくれている社員が複数いれば全員記入するようにしてください。この「メンター」の欄に記入する社員については、**今までどれだけの頻度でどの程度コミュニケーションをとっているかも併せて記入するようにしてください**。コミュニケーションの濃淡を可視化するのです。

　次に「キーパーソン」の欄について説明します。「キーパーソン」の欄には、**自分のファーストキャリア選択の意思決定に影響を与えそうな内定先企業の社員を全員書くようにしましょう**。「自分の意思決定に影響を与える」というのが少し抽象的なので具体例を述べます。

　例えば「この人みたいになりたいと言える役員や社員」「この人は尊敬できる、この人に憧れていると言える役員や社員」「この人と一緒に働いてみたいなと思える役員や社員」などです。実際に会って話したことのある人でも、オンラインで話したことのある人でも、一方的に話を聞いたことがあるだけの人でも、自分が影響を受けている人なら全員この欄に記入するようにしてください。そしてできれば、この「キーパーソン」の欄に**記入する人物については、自分がその人にどんな感情を抱いているのかまで記入するようにしておいてください**。どういう影響を受けているのかを**可視化するのです**。

　過去10年以上にわたり1万人以上の就活生にアドバイスしてきた経験から言うと、やはり「最後は一緒に働く人（社員）で決めました」とコメントする就活生が多いのが事実です。ただ、同じ「人で決めた」就活生の

中でも、「一部の人に高頻度で会い続けて強い影響を受けて決めた人」と「なるべく多くの社員に会い、その企業のカルチャーを様々な社員が体現していることを確認して決めた人」に分かれるのです。

「最後は人で決める」としても、できれば本書の読者のみなさんには、後者の例のように、冷静な判断で決めてほしいというのが私の願いです。その意味で、この「メンター」欄と「キーパーソン」欄に関しても、一切妥協せず取り組み、現在の状況を正確に反映するようにしてください。

┌ 自分の言葉で説明できるかチェック

□ 右下の図を見ながら、「『メンター』と『キーパーソン』の情報の意思決定表への反映方法」について説明できる？

■ メンターとキーパーソンの情報を書こう

3年後ビジョン	■ A社における 3年後ビジョン	■ B社における 3年後ビジョン	■ C社における 3年後ビジョン
将来ビジョン	15年で事業責任者／年収1,200万円		
メンター	■ XXX さん（人事部）	■ XXX さん（人事部） メンターの情報	■ XXX さん（アソシエイト）
キーパーソン	■ XXX さん（部長）	キーパーソンの情報 ■ XXX さん（XXX）	■ XXX さん（プリンシパル）

- プラス評価
- マイナス評価
- 最終評価（序列化）

「意思決定表」の作成：STEP ❼
内定先別「プラス・マイナスポイント」の最終整理

　ここでは、内定先別の（自分にとっての）「プラスポイント」と「マイナスポイント」を、それぞれ3点以内でまとめていきましょう。

　「意思決定表」の全11項目のうち、今までのプロセスで「共感ポイント」「適合ポイント」「入社時確認事項」「ロールモデル社員」「3年後ビジョン」「将来ビジョン」「メンター」「キーパーソン」の8項目を丁寧に記入してきました。**次は、いよいよ、この8項目を参考にして、内定先の最終評価をしていきます。右下の図のように、内定先評価は「プラスポイント」3点以内、「マイナスポイント」3点以内にまとめるようにしてください。**

　「プラスポイント」には、「この内定先に惹かれている理由」を3点以内にまとめるようにしてください。例えば、「圧倒的に魅力的なロールモデル社員の〇〇さんがいて、〇〇さんに将来一緒にこの会社を大きくしようと誘っていただいている」とか「この会社のビジョンや事業内容に強く共感しており、この会社の一員として仕事ができることを考えると自分の気持ちも満たされるし、自分の周囲の人にもポジティブに話せる」とか、「頑張れば頑張っただけ評価され、若くても実際にすごい勢いで昇進して部長になっている先輩社員がおり、自分も先輩同様の昇進を目指したい」などです。

　「マイナス評価」の項目では、「今年は内定者が数百人おり、本当にこの会社で自分が同期と仕事で切磋琢磨した時に勝ち抜いていけるのか不安」とか、「自分の中ではいい会社だと思っているが、親や友人からはあまりポジティブな反応がない」とか、「この会社で3年間働き続けた後、自分が個として自立した人材に近づいているイメージがない」などです。

　「プラスポイント」と「マイナスポイント」を考える際は、必ずしも内定先同士を同じ基準で揃えて評価しようとしなくてもOKです。**内定先ごとに自分が惹かれているポイントも違うはずですし、不安に感じているポイントも違うはずです。横並びで項目を揃えようと考えるよりは、内定先ごとに項目は全然違ってもいいので、その企業について思っていることを書き出そうと考えるようにしてください。**そのほうが自分の気持ちを反映し

た本当の評価が出揃うと思います。

　最後に、「プラス評価」と「マイナス評価」を終えたら、次のチェックを必ず行ってください。「プラスポイント」の各項目に関しては、「これは**本当にそう言えるのか？**」「**そう言える根拠は何か？**」と自問自答するようにしてください。また「マイナスポイント」の各項目に関しては、「**自分の確認不足ではないか？**」「**追加で内定先企業に確認すれば解消される疑問や不安ではないか？**」と自問自答するようにしてください。

　こうすることで、内定先企業のことを正しく理解しないまま、自分の思い込みで最終的な意思決定をすることがないようにしてください。

自分の言葉で説明できるかチェック

□　右下の図を見ながら、「最終的な内定先別『プラスポイント』と『マイナスポイント』のまとめ方」について説明できる？

■ **プラスポイントとマイナスポイントを3点以内にまとめよう**

3年後ビジョン	■A社における 3年後ビジョン	■B社における 3年後ビジョン	■C社における 3年後ビジョン
将来ビジョン	15年で事業責任者／年収1,200万円		
メンター	■XXXさん（人事部）	■XXXさん（人事部）	■XXXさん（アソシエイト）
キーパーソン	■XXXさん（部長）	■XXXさん（執行役員）	■XXXさん（プリンシパル）
プラス評価	1.プラスポイント 2.プラスポイント 3.プラスポイント	プラスポイント3点以内 マイナスポイント3点以内	1.プラスポイント 2.プラスポイント 3.プラスポイント
マイナス評価	1.マイナスポイント 2.マイナスポイント 3.マイナスポイント		1.マイナスポイント 2.マイナスポイント 3.マイナスポイント
最終評価 （序列化）			

「意思決定表」の作成：STEP ❽
内定先の序列化
＆入社企業の意思決定

　ここでは出揃った内定先別の「プラスポイント」と「マイナスポイント」を見ながら、いよいよ内定先企業に序列をつけ、自分の入社先を決めていきましょう。軽く「決める」のではなく、**「決めきる」ことが重要です。「決めきる」とはつまり、「最終的に入社先を1社に決めて、他社には金輪際心移りしないと覚悟を決める」ことです。**決めきった後に、入社先以外の企業には内定辞退の連絡を入れるつもりで真剣に臨んでください。

　まずは、内定先企業に序列をつけていきましょう。当然ですが、1位の企業に入社することになりますし、2位の企業は次点になりますので、最後まで1位の企業と悩んだ企業ということになります。最終的にどの企業とどの企業で悩んで決めたのかも重要になるので、1位だけではなく、2位以降もすべて序列化しきるようにしてください。

　いったんの順位が出揃ったら、決めきる前に3つの質問を自分自身に投げかけるようにしてください。1つ目は、「1位をつけた企業に対して、この先どんな困難が立ちはだかり、くじけそうになっても、入社後3年間はこの企業で歯を食いしばって前を向いてやっていくと自分に約束ができるか？」という質問です（**1位に選んだ企業で3年間やりきる覚悟**）。

　2つ目は、「2位以下の評価をつけた企業に対して、もしこれらの企業

■ 内定先を序列化して、入社先を決めよう

	■ A社における 　 3年後ビジョン	■ B社における 　 3年後ビジョン	■ C社における 　 3年後ビジョン
3年後ビジョン			
将来ビジョン		15年で事業責任者／年収1,200万円	
メンター	■ XXXさん（人事部）	■ XXXさん（人事部）	■ XXXさん（アソシエイト）
キーパーソン	■ XXXさん（部長）	■ XXXさん（執行役員）	■ XXXさん（プリンシパル）
プラス評価	1. プラスポイント 2. プラスポイント 3. プラスポイント	1. プラスポイント 2. プラスポイント 3. プラスポイント	1. プラスポイント 2. プラスポイント 3. プラスポイント
マイナス評価	1. マイナスポイント 2. マイナスポイント 3. マイナスポイント	1. マイナスポイント 2. マイナスポイント 3. マイナスポイント	1. マイナスポイント 2. マイナスポイント 3. マイナスポイント
最終評価 （序列化）	1位	3位	2位

に入っていたら待ち受けていたかもしれない輝かしい未来を捨ててまで、1位の企業を選びたいか?」という質問です(**2位以下の企業に目移りしない覚悟**)。

そして3つ目は、「自分の周りのすべての人(親、友人、恋人、就活で出会った社会人)に『こういう理由で1位の企業を選びました』と意思決定の結果と理由について胸を張って説明できるかどうか?」という質問です(**周囲に自信を持って説明する覚悟**)。

これら3つにすべて「覚悟がある」と言えるなら、自分が1位に選んだ企業に内定承諾の連絡を入れ、2位以下のすべての企業に内定辞退の連絡を入れ、就活は終了です!

もう1つ重要なことがあります。**右下の図のように、この意思決定表はこの先も保存し、1位に選んだ企業に入社した後も、折に触れて見返すことをおすすめします。**どの企業に入ってもきっと苦しい時期は来ますので、その時に「就活でこれだけ悩んだ末に入社を決めた大切な企業なんだ」と振り返ることができるように、保存しておいてください。

┌─ 自分の言葉で説明できるかチェック ─

□ 左下の図を見ながら、「内定先を序列化して、入社すべき1社を決めるプロセス」について説明できる?
□ 右下の図を見ながら、「『意思決定表』は入社後も振り返られるように保存しておくべき理由」について説明できる?

■「意思決定表」は入社後も振り返られるように残しておこう

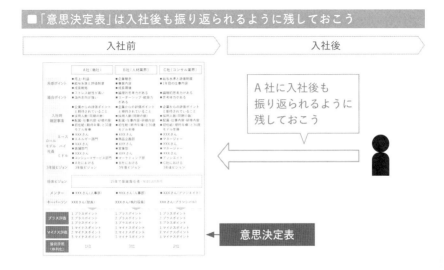

入社前 〉 　　　　　　入社後 〉

A社に入社後も振り返られるように残しておこう

意思決定表

4-1

- Chapter 4 では、「意思決定表の作成」を行い、誰でも理路整然と自分が入社すべき 1 社を決めきる方法論を解説している。「意思決定表」は就活生が入社先を理路整然と決められるように私が考案したもので、一言で言うと「内定先企業を同じ評価項目で冷静に比較検討するための一覧表」だ。「共感ポイント」「適合ポイント」「入社時確認事項」「ロールモデル社員」「3 年後ビジョン」「将来ビジョン」「メンター」「キーパーソン」「プラス評価」「マイナス評価」「最終評価（序列化）」の全 11 項目を、本書の方法論に従って埋め、「意思決定表」を丁寧に完成させてほしい。

4-2

- まずステップ①では、自分が選考前に掲げていた「共感ポイント」と「適合ポイント」の振り返りを行う。次にステップ②③では、内定者として内定先企業の人事担当者に「入社時確認事項」と「ロールモデル社員」についてインタビューを行う。ステップ④では、そのインタビュー結果に基づいて「3 年後ビジョン」を設定する。「3 年後ビジョン」は「その企業で 3 年間働いてこんな自分になりたいと思える、3 年後の自分の理想の姿」のことだ。次にステップ⑤では、自分が選考前に作成した「キャリア戦略マップ」の「将来ビジョン」の振り返りを行い、現状と「3 年後ビジョン」と「将来ビジョン」の整合性を確認する。ステップ⑥では、内定先別にお世話になっているメンターの情報とメンター以外のキーパーソンの情報を書き出していく。そしてステップ⑦では、いよいよ意思決定の根拠となる「内定先のプラスポイントとマイナスポイントの書き出し」を行う。最後にステップ⑧で、出揃ったプラスポイントとマイナスポイントを確認しながら、すべての内定先の序列化を行い、最終的に入社企業 1 社を決めていく。

● 入社企業についての意思決定をする前に、３つの質問を自分に投げかけてほしい。１つ目は、「１位をつけた企業に対して、この先どんな困難が立ちはだかりくじけそうになっても、入社後３年間はこの企業で歯を食いしばって前を向いてやっていくと自分に約束ができるか？」という質問だ（１位に選んだ企業で３年間やり切る覚悟）。２つ目は、「２位以下の評価をつけた企業に対して、もしこれらの企業に入っていたら待ち受けていたかもしれない輝かしい未来を捨ててまで、１位の企業を選びたいか？」という質問だ（２位以下の企業に目移りしない覚悟）。そして３つ目は、「自分の周りのすべての人（親、友人、恋人、就活で出会った社会人）に「こういう理由で１位の企業を選びました」と意思決定の結果と理由について胸を張って説明できるかどうか？」という質問だ（周囲に自信を持って説明する覚悟）。

● これら３つにすべて「覚悟がある」と言えるなら、自分が１位に選んだ企業に内定承諾の連絡を入れ、２位以下のすべての企業に内定辞退の連絡を入れ、就活は終了だ。もう１つ重要なことは、この意思決定表は、この先も保存し、１位をつけた企業に入社後も折に触れて見返すようにしてほしい。どの企業に入ってもきっと仕事が大変で苦しいと感じる時は来るので、その時に振り返ることができるように、保存しておいてほしい。

Chapter **5**

自己分析・企業分析・入社企業選定のための「アウトプットフォーマット集」

この Chapter で学ぶこと

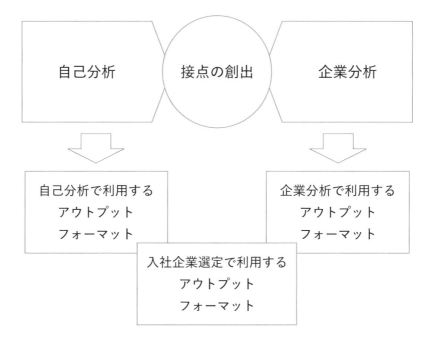

自己分析

接点の創出

企業分析

自己分析で利用する
アウトプット
フォーマット

企業分析で利用する
アウトプット
フォーマット

入社企業選定で利用する
アウトプット
フォーマット

※書き込み用パワーポイントファイルのダウンロードにつきましては、
「おわりに」をご覧下さい

Chapter 5
1

自己分析アウトプット〈記入例〉
「成長見える化シート」
（一覧）

時代	所属学校	所属組織・
小学校	■○○小学校	学校 ■○○小学校 学校 ■児童会 習い事 ■少年野球チーム 習い事 ■学習塾
中学校	■○○中学校	学校 ■○○中学校 学校 ■生徒会 部活 ■野球部 塾 ■進学塾
高校	■○○高校	学校 ■○○高校 塾 ■○○予備校
大学／学部	■○○大学／経済学部	学校 ■○○大学 サークル ■軟式野球サークル アルバイト ■家庭教師 学校 ■○○ゼミ 留学 ■米国○○大学

※書き込み用パワーポイントファイルのダウンロードにつきましては、「おわりに」をご覧下さい

役割	成長ポイント	成長インパクト
-	■小4で勉強の面白さに気づく	■中
会長	■小5・小6でリーダー経験	■中
外野手	■先発になれず悔しい思いを経験	■中
-	■「努力→成績向上」のループ経験	■中
-	■学年のリーダー的存在に	■中
役員	■中1で選挙に勝ち、役員を経験	■小
投手	■体が大きくなりそれなりに活躍	■小
進学コース	■第一志望校には落ちたものの、大きな目標を掲げる効果を実感	■大
特進コース	■高1から○○大を目指すと決意	■特大
	■「超高速学習」で苦手克服	■中
-	■様々な社会勉強の期間	■中
-	■息抜き的な時間	■小
-	■他人の目標達成支援に成功	■特大
-	■官僚を目指す仲間とは異色の存在	■中
-	■ベンチャー企業に興味を抱く	■特大

Chapter 5
2

自己分析アウトプット〈記入例〉
「成長見える化シート」
（詳細）

時代	所属組織・役割	成長ポイント
中学校	塾 ■進学塾 （特進コース）	■高い目標を掲げ、部活を辞めて全て勉強に打ち込む経験
高校	学校 ■○○高校 （特進コース）	■恩師との出会いで高1から○大を目指すと決意
大学/学部	アルバイト ■家庭教師	■○大医学部合格ほか、生徒の能力以上の学校へ合格者多数輩出
	留学 ■米国○○大学	■起業・ベンチャー企業に興味を持つきっかけに

※書き込み用パワーポイントファイルのダウンロードにつきまして
は、「おわりに」をご覧下さい

成長インパクト	成長ポイントの深掘り		
	ビフォー	アフター	自分ならではの努力や工夫
■大	公立トップ高に合格できるレベルの学力	最難関私立の高校受験に挑めるレベルの学力	「偏差値が10以上高い高校合格」という目標を変えなかった
■特大	勉強以外にも様々なことに興味が出てくる状態	最難関の○大を目指し、適性のある○大に現役合格	高い目標を変えず、コンスタントに努力を重ねた
■特大	自分は成果が出せるが、他人ではどうかわからない状態	他人でも能力以上の成果を出せると確信	「最短距離の方法論の提示」と「モチベーションの持続」
■特大	戦略コンサルディングファームに興味	起業・スタートアップに興味	米国販路開拓支援ビジネスのインターン

自己分析アウトプット〈記入例〉
「自分の特徴シート」
（強み、弱み、人間性・性格）

「強み」の例

見出し	自分が今まで挑戦したことのないことにこそ「成長の種」があると思い、常に新しいことに挑戦するチャレンジ精神
説明文（200字以内）	過去の経験から成功をある程度イメージできるプロジェクトよりも、まだ成功イメージがつかないプロジェクトを探して積極的に取り組むことをモットーとしている。常に新しいことに挑戦するため失敗もするが、失敗から学ぶことのほうが大きいと理解している。そのため、毎年成長し続けている実感がある。
具体例（どんな時?）	■ ○○大医学部受験生の家庭教師就任 ■ 留学時に過去に誰も経験していないインターン先への応募

※書き込み用パワーポイントファイルのダウンロードにつきまして
　は、「おわりに」をご覧下さい

「弱み」の例	人間性・性格
自分が不得手だとわかっている領域に関して、自分でやることを早期にあきらめて周囲のエキスパートを探す見切りの早さ	誰に対しても「ごめんなさい」や「ありがとう」が言えたり、自分の喜怒哀楽を相手の立場も考えながら表現できる素直さ
アイデアを出したり、ビジョンを打ち出したり、ビジョンを実現する戦略を描いたりすることは得意だが、業務オペレーションの構築や実務が苦手だという意識がある。実際、自分よりも得意な人にすぐ頼んでしまい、実際の仕事の難しさを実感できていないところがあり、「よくわかっていないのに自分でやろうとしない」点は直さなければいけないと考えている。	自分が「今どんな気持ちか」を常に相手に正確に伝えることを大切にしている。しかも、気持ちを伝えられた相手が不快にならないように配慮しながら伝えるようにしている。感謝や謝罪も意識的に強く伝えるようにしているので、敵を作ることが少ないし、裏表がなく、素直で気持ちいい人間と評価してもらえることが多い。
■ イベントの集客実務 ■ イベントの収支計画などの計数管理	■ 自分の意見が間違っていたと気づいたらすぐに表明し、謝る ■ 感謝の気持ちを明確に相手に伝える

Chapter5 アウトプットフォーマット集

243

自己分析アウトプット〈記入例〉
「キャリア戦略マップ」

---

1 将来ビジョンの決定

「10年」で「経営人材（売上数百億円規模の
ベンチャー企業の経営陣）」になる

↑ 仕事力

『目指したい姿』

「経営人材」
（ベンチャー企業経営）

経験しておきたい職種

# XXX	# XXX
#営業	# XXX
#デジタルマーケティング	#事業企画・事業開発
#DX推進・AI活用推進	# XXX
# XXX	#M&A・投資・インキュベーション
# XXX	# XXX

夢・人生の目標

大学生向けのビジネ
ススクールを作り、
有望学生の
指導・育成をする

その他経験しておきたいこと

数十名〜百名程度の組織マネジメント
グループ会社の社長

→ 時間

新卒入社			
(22)歳	← 10年間 →	(32)歳	(40)歳
[500]万円		[1,500]万円	[2,000]万円

※書き込み用パワーポイントファイルのダウンロードにつきまして
は、「おわりに」をご覧下さい

② 業界・職種の絞り込み

業界 **2**　　　職種 **2**

業界1	業界2	職種1	職種2	
IT・AI	コンサルティング	営業	マーケティング	
A社	F社	あ社	か社	
B社	G社	い社	き社	
C社	H社	う社	く社	
D社	I社	え社	け社	
E社	J社	お社	こ社	5社
				10社

企業分析（本番）
ハード面5項目

ハード面5項目

01 企業理念（ミッション・ビジョン）

02 事業内容

03 売上・利益

04 成長戦略

05 給与水準と評価制度

※書き込み用パワーポイントファイルのダウンロードにつきまして
　は、「おわりに」をご覧下さい

調査内容

AIで日本の産業にイノベーションを起こす。

日本の各産業のリーディングカンパニーと業務提携
し、AIを活用した新規事業開発を実施。AI開発費と
利用料で収益化。

非公開（だが、3期連続で増収を達成し、今年単月黒字
化を実現。数年以内にIPO予定）。

BtoBのAI開発費＆利用料徴収で安定的な事業基盤
を作り、BtoCのAIプラットフォーム構築で飛躍的な
成長を狙う。

ビジネス職は新卒年俸約500万円からスタート。半
期に1回の360度評価。20代後半の役員も在籍（年俸
1,000万円水準）。

企業分析（本番）
ソフト面５項目

ソフト面５項目

01　企業文化・企業風土

02　活躍する先輩社員

03　（主に1年目の）仕事内容

04　成長環境

05　キャリア形成イメージ

※書き込み用パワーポイントファイルのダウンロードにつきまして
　は、「おわりに」をご覧下さい

調査内容

フラットな文鎮型組織。「論理」を重んじており、若手でも発言権があり、筋が良い意見はどんどん採用される。

ビジネス職では20代部長以上が3名（○○部長、○○部長、○○執行役員）。その他2年目エース社員の○○さん。

クライアントのAI開発プロジェクトのプロジェクトマネジメントをOJTで経験。早期にプロマネ力が身につく。

社内の知見交換勉強会が活発。社外のコミュニティへの参加も推奨。「仕事の報酬は仕事」を体現する職場。

プロジェクトメンバー→プロジェクトリーダー→プロジェクトマネージャー→部長→執行役員→取締役。

新卒に求める人材像
＆活躍する先輩社員の特徴

ある企業の新卒に求める人材像

● 強い自己成長欲求

● 強いビジネスへの関心

● 多様な価値観を認め、チームで
　成果を出すことに対する強いこ
　だわり

● 高い論理的思考力

● 一緒に働きたいと思える人間性

※書き込み用パワーポイントファイルのダウンロードにつきまして
は、「おわりに」をご覧下さい

ある企業の活躍する先輩社員の特徴

● エンジニアの理解と
　相互信頼関係

● 常に自分の意見を持っており、必
　要に応じて適切に主張できる

● 社内外で愛されるキャラクター

● 提供価値へのこだわりが強い

● 目標達成意欲が強い

企業分析アウトプット〈記入例〉

マッチング評価（共感度）①

ハード面5項目

01 企業理念（ミッション・ビジョン）

02 事業内容

03 売上・利益

04 成長戦略

05 給与水準と評価制度

※書き込み用パワーポイントファイルのダウンロードにつきましては、「おわりに」をご覧下さい

共感理由（共感している項目のみ）

■ 人とAIの共生の時代に必ず求められる会社だと感じる。

☐

■ AI系スタートアップで今まで堅実に成長している。単月黒字も実現。

■ あらゆる産業のトップ企業とAIの社会実装に携わりたい。若いうちから様々な産業を経験できる。

☐

マッチング評価（共感度）②

ソフト面５項目

01 企業文化・企業風土

02 活躍する先輩社員

03 （主に1年目の）仕事内容

04 成長環境

05 キャリア形成イメージ

※書き込み用パワーポイントファイルのダウンロードにつきまして
は、「おわりに」をご覧下さい

共感理由（共感している項目のみ）

■ 年功序列ではない点が良い。論理的に正しく、筋が通っていれば積極的に若手の意見を採用する社風は魅力的。

■ ○○部長、○○執行役員はロールモデルとしてとても魅力的。成長して、いつか追い越してやろうと思える。

☐

☐

■ 20代で役員を狙えるのも魅力。今後の会社の成長に合わせて新たなポストもたくさんできそう。

企業分析アウトプット〈記入例〉
マッチング評価（適合度）①

新卒に求める人材像

●あなたに当てはまる特徴①（高い自己成長欲求）

・常に「今の自分の実力ではできるかできないかわから

・新しい取り組みでは「結果を出し面白さを感じられる

●あなたに当てはまる特徴②（高い論理的思考力）

・「具体」と「抽象」を行き来して物事の本質を追求する

・「全体」を意識して「部分」を考えられる。

・話の歩幅を相手に合わせて話を展開できる。

●あなたに当てはまる特徴③（一緒に働きたいと思え

・「自分の評価は相手が決める」「相手の判断がすべて」

・常に周囲のステークホルダーの気持ちを考えて行動

※書き込み用パワーポイントファイルのダウンロードにつきましては、「おわりに」をご覧下さい

ないこと」にチャレンジし、自分の実力を上げてきた。
までは自分の実力不足」と捉え、努力を続けてきた。

癖が身についている。

る人間性）

と考える癖が身についている。
している。

企業分析アウトプット〈記入例〉
マッチング評価（適合度）②

活躍する先輩社員の特徴

●あなたにも当てはまる特徴①（常に自分の意見を

- 「自分の意見が言えない場合、議論に参加する資格が
- 自分の意見を主張した結果相手をどう動かしたいの

●あなたにも当てはまる特徴②（社内外で愛されるキャ

- 人から「一緒に仕事がしたい」と言ってもらえることが
- 「『仕事の能力』で愛されるのではなく、『親しみやすさ』

●あなたにも当てはまる特徴③（提供価値へのこだわ

- 常に「自分の提供価値が対価を上回る状態」を心がけ
- 提供価値を高め続けるために、「相手からのフィード

※書き込み用パワーポイントファイルのダウンロードにつきまして
　は、「おわりに」をご覧下さい

持っており、必要に応じて適切に主張できる）

ない」と考える癖が身についている。
か（目的）を重視して発言できる。

ラクター）

一番のほめ言葉だと考えている。
で愛されてこそ一流」と考えている。

りが強い）

ている。
バック」を重視している。

Chapter 5　アウトプットフォーマット集

入社企業選定アウトプット〈記入例〉
「意思決定表」①

	A社(IT)ビジネス職
共感ポイント	■ 売上・利益 ■ 給与水準と評価制度 ■ 企業文化・企業風土
適合ポイント	■ 自己成長欲求が強い ■ リーダーシップ・統率力がある
入社時 確認事項	■ 30代で事業部長へと成長してほしい ■ 400名〜500名 ■ 営業職、企画職 ■ 初年度年収500万円 ■ 30歳モデル年収900万円

ロール モデル 社員	エース	■ ○○さん （30代事業部長）
	ハイ	■ ○○さん （20代商品企画マネージャー）
	ミドル	■ ○○さん （4年目営業職）

※書き込み用パワーポイントファイルのダウンロードにつきまして
は、「おわりに」をご覧下さい

B社(IT)ビジネス職	C社(IT)ビジネス職
■ 成長環境 ■ 事業内容 ■ 企業文化・企業風土	■ 売上・利益 ■ 成長戦略 ■ 成長環境
■ 自己成長欲求が強い ■ リーダーシップ・統率力 　がある	■ 論理的思考力がある ■ 海外志向が強い
■ 20代で子会社社長を経験さ 　せたい ■ 200名 ■ 営業職、企画職 ■ 初年度年収400万円 ■ 30歳モデル年収700万円	■ 若手リーダーとして海外経験 　をさせたい ■ 10名 ■ ジョブローテーション ■ 初年度年収500万円 ■ 30歳モデル年収900万円
■ ○○さん 　（20代子会社社長）	■ ○○さん 　（3年目社員、海外勤務）
■ ○○さん 　（20代営業マネージャー）	■ ○○さん 　（3年目社員、グループ会社出向）
■ ○○さん 　（5年目営業職）	■ ○○さん 　（4年目営業職）

入社企業選定アウトプット〈記入例〉
「意思決定表」②

	D社(AI)ビジネス職
共感ポイント	■ 事業内容 ■ 成長環境 ■ 活躍する先輩社員
適合ポイント	■ ストレス耐性が高い ■ 自己成長欲求が強い
入社時 確認事項	■ 最速で成長し、30代で役員を目指してほしい ■ 3名 ■ プロジェクト配属 ■ 初年度年収500万円 ■ 30歳モデル年収1,000万円

ロール モデル 社員	エース	■ ○○さん （30代執行役員）
	ハイ	■ ○○さん （20代プロジェクトマネージャー）
	ミドル	■ ○○さん （5年目社員）

※書き込み用パワーポイントファイルのダウンロードにつきまして
　は、「おわりに」をご覧下さい

E社（ITコンサル）	F社（戦略コンサル）
■ 給与水準と評価制度 ■ 成長環境 ■ キャリア形成イメージ	■ 給与水準と評価制度 ■ 成長環境 ■ キャリア形成イメージ
■ 論理的思考力がある ■ ストレス耐性が高い	■ 論理的思考力がある ■ ストレス耐性が高い ■ リーダーシップ・統率力がある
■ 数年でマネージャーを目指 　してほしい ■ 200名〜300名 ■ プロジェクト配属 ■ 初年度年収550万円 ■ 30歳モデル年収1,000万円	■ 数年でマネージャーを目指し 　てほしい ■ 30名 ■ プロジェクト配属 ■ 初年度年収700万円 ■ 30歳モデル年収1,300万円
■ ○○さん 　（30代シニアマネージャー） ■ ○○さん 　（20代マネージャー） ■ ○○さん 　（4年目社員）	■ ○○さん 　（30代シニアマネージャー） ■ ○○さん 　（20代マネージャー） ■ ○○さん 　（5年目社員）

入社企業選定アウトプット〈記入例〉
「意思決定表」③

	A社(IT)ビジネス職
3年後ビジョン	■営業または商品企画リーダーとしてプレイヤー経験を積んでいる。
将来ビジョン	10年で経営人材 年収1,500万円
メンター	■○○さん(人事部)
キーパーソン	■○○さん(常務執行役員) ■○○さん(人事部長)

プラス評価	1. 優秀な先輩社員多数 2. 主体性を重んじる社風 3. 国内でのブランド力強い
マイナス評価	1. マネージャーポストが埋まりがち 2. 国内よりも海外で成長
最終評価 (序列化)	4位

※書き込み用パワーポイントファイルのダウンロードにつきまして
は、「おわりに」をご覧下さい

B社(IT)ビジネス職	C社(IT)ビジネス職
■子会社社長に就任し、経営経験を積んでいる。	■海外に赴任し、海外でビジネス経験を積んでいる。

（売上数百億円規模のベンチャー企業の経営陣）

■○○さん（人事部）　　　　　　■○○さん（人事部）

■○○さん（代表取締役）　　　　■○○さん（代表取締役）
■○○さん（取締役）　　　　　　■○○さん（執行役員）

1. 早期にマネジメント経験を
　積ませる社風
2. ITサービス開発実績多数

1. 同期のレベル感のばらつき
2. 相対的な給与水準の低さ

1. フラットな社風
2. 会社の成長力
3. 社長の経営手腕

1. 起業マインドより地頭重視
2. 新卒ロールモデルの少なさ

| 2位 | 3位 |

Chapter 5
15

入社企業選定アウトプット〈記入例〉
「意思決定表」④

	D社(AI)ビジネス職
3年後ビジョン	■AIサービス開発のプロジェクトマネージャーとして経験を積んでいる。
将来ビジョン	10年で経営人材 年収1,500万円
メンター	■○○さん(2年目社員)
キーパーソン	■○○さん(代表取締役) ■○○さん(執行役員)
プラス評価	1. AI×業界大手(多業界)のプロジェクト経験 2. 10年以内に役員を目指せる
マイナス評価	1. 自分の実力不足で入社後活躍できず、伸び悩む可能性 2. 小規模で経営が流動的
最終評価 (序列化)	1位

※書き込み用パワーポイントファイルのダウンロードにつきましては、「おわりに」をご覧下さい

E社(ITコンサル)	F社(戦略コンサル)
■ ITコンサルタントとしてプロジェクトで付加価値を生み出す経験を積んでいる。	■ 戦略コンサルタントとしてプロジェクトで付加価値を生み出す経験を積んでいる。

（売上数百億円規模のベンチャー企業の経営陣）

■ ○○さん(アソシエイト)	■ ○○さん(アソシエイト)
■ ○○さん （マネージングディレクター）	■ ○○さん(パートナー)

| 1. 20代にがむしゃらに働ける環境
2. DX時代に追い風

1. 出世のハードルが高い
2. 事業会社の実務経験が積みづらい | 1. 20代にがむしゃらに働ける環境
2. 多業界のプロジェクト経験

1. 出世のハードルが高い
2. スキルのコモディティ化
3. 事業会社の実務経験が積みづらい |
| 6位 | 5位 |

本書を読んだ就活生は、特典のパワーポイントファイルをダウンロードして、すぐに自分のアウトプットにとりかかろう！

　ある調査では、「新卒で入社してから3年以内に『就職活動をやり直したい』と考える社会人の割合は約50％に達する」という非常にショッキングな結果が出ています。

　私は、多くの就活生がどこか違和感を持ちながらも、有名企業からの「内定」だけを追い求める就活（「内定」をゴールとする就活）を続けてしまっていることが主な原因だと思います。

　私は、こうした就活における「ミスマッチ」を減らすためには、ひとりでも多くの就活生が、

- 「将来のキャリアイメージ」を持った上で、企業選択をすること
- 「自分の価値観」と「企業の価値観」が合うことを確認した上で、企業選択をすること
- 「自分の能力」と「企業の求める能力」が合うことを確認した上で、企業選択をすること
- 「自分の求める成長がその企業ならできる」ことを確認した上で、企業選択をすること
- 「周囲からの評価（世間からの評価）」よりも「自分の気持ち」を優先して、企業選択をすること
- 内定後、情報収集を丁寧に行い、冷静にすべての内定先を比較して、企業選択をすること

が、とても重要だと考えます。

　本書を読み終えた就活生のみなさんは、本書の方法論には上記すべての要素が取り入れられていることが理解できたと思います。

そして、就活の成功に必要なのは、「正しい戦略」と「正しい努力」の2つだという意味も理解できたと思います。

　理論物理学者アルベルト・アインシュタインは次のような名言を残しています。

「ゲームのルールを知ることが大事だ。そしてルールを学んだ後は、誰よりも上手にプレイするだけだ」

　就活の「ゲームのルール」を学んだあとは、いかに楽しみながら「正しい努力」を積み重ねられるかの勝負です。
　そこで、本書の読者の就活生のみなさんが少しでもラクに「正しい努力」ができるように、ささやかながら私からプレゼントを用意しました。下のダウンロードURLから、本書のChapter 5に収録している「アウトプットフォーマット（パワーポイント形式）」をダウンロードし、ご自身のアウトプットにご活用ください。これを活用することで、自分でノートに書いたり、一からフォーマットを作成したりするより、はるかにラクにアウトプットすることができると思います。
　私は、みなさんが本書を存分に活用し、「アウトプットすることに意味がある」「アップデートし続けることに意味がある」を合言葉に就活を有利に進め、自分の求める結果を手に入れることを心から願っています。

林　　晃佑

書き込み用パワーポイントファイルのダウンロード URL
https://note.com/ss_method/n/n6408bc1e40cf

林 晃佑（はやし こうすけ）

1982年大阪府生まれ。京都大学経済学部卒業。在学中に「京大生向け就活支援サービス」で起業。その後、株式会社リクルート（現株式会社リクルートホールディングス）に入社し、ITを活用した複数の新規事業開発に従事した後、リクルートのグループ会社の代表取締役社長を歴任。

本業の傍ら「1人1人のキャリアを最優先に考えた就活の方法論を、わかりやすく伝えたい」というモットーのもと、東大・京大生を中心に今までに1万人以上の大学生の就活支援を行っている。就活支援を受けた学生の進路は、外資系コンサルティングファーム、外資系投資銀行、外資系IT企業、外資系メーカー、日系大手企業、メガベンチャー企業、ベンチャー企業、スタートアップ企業、官公庁等多岐にわたっている。

• twitter（@SS_method）
林さん｜戦略就活メソッド
https://twitter.com/ss_method

• note
林さん｜戦略就活メソッド
https://note.com/ss_method

「正しい努力」で結果を出す
図解 戦略就活メソッド

2021年 4月 1日　　初版発行
2023年 7月20日　　第4刷発行

著 者　林　晃佑 ©K.Hayashi 2021
発行者　杉本淳一

発行所　株式 会社 日本実業出版社　東京都新宿区市谷本村町3−29 〒162−0845

　　　　編集部 ☎03-3268-5651
　　　　営業部 ☎03-3268-5161　　振 替　00170-1-25349
　　　　　　　　　　　　　　　　　https://www.njg.co.jp/

印 刷／木元省美堂　　製 本／若林製本

ISBN 978-4-534-05846-1　Printed in JAPAN